「絵を見て話せる タビトモ会話」の使い方

※日本人と現地のバリ人とをイラストでわかりやすく示し分けています。左側の男女が日本人、右側の男女がバリ人を表しています。

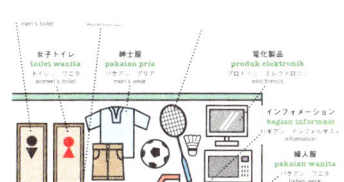

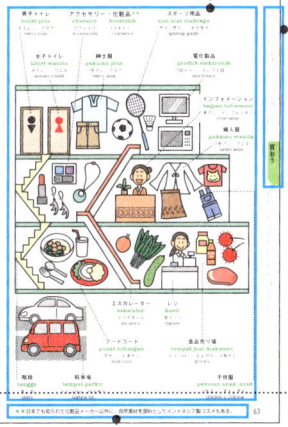

行動別インデックス

旅先でしたいことを行動別に検索できるカラーインデックス。それぞれ行動別に区切りをつけて色別に構成しました。さあ、あなたはこれから何をする？

使える！ワードバンク

入れかえ単語以外で、その場面で想定される単語、必要となる単語をひとまとめにしました。ちょっと知っておくと役立つ単語が豊富にあります。

ひとくちコラム

お国柄によって異なる文化、マナーやアドバイスなど役立つ情報を小さくまとめました。ほっとひと息つくときに読んでみるのもおすすめです。お国柄にちなんだイラストが案内してくれます。

はみ出し情報

知っておくと便利な情報などを1行でまとめました。おもしろネタもいっぱいで必見です。

本書は、海外旅行先でのコミュニケーション作りに役立つ本です。外国の人たちとできるだけ近い感覚で会話ができるように、現地語は話し言葉を紹介しています。また、現地語の読みについては、なるべく原音に近い発音で読み仮名を付けています。現地の人たちが日常生活で使っている言葉や単語を旅行者も使ってみることが、異文化コミュニケーションをはかる第一歩です。

サイドインデックス: はじめよう／歩こう／食べよう／買おう／極めよう／伝えよう／日本の紹介／知っておこう

絵を見て話せる タビトモ会話 目次

バリ島

はじめよう

- あいさつをしよう …………… 6
- 話しかけてみよう …………… 8
- 自己紹介をしよう …………… 10

イラスト&エッセイ はじめよう ……………4

歩こう

イラスト&エッセイ 寺院、オダラン ……… 12

[さあ、歩こう！ 便利マップ]
- バリ島を巡ろう ………………………… 14
- 人気のエリアを巡ろう ………………… 16
- ジャワ島の世界遺産を訪ねよう ……… 18
- 道を尋ねよう …………………………… 20
- 乗り物に乗ろう ………………………… 22
- 観光しよう ……………………………… 24
- 寺院、史跡を訪ねよう ………………… 26
- 泊まってみようマレーシアを巡ろう … 28

食べよう

イラスト&エッセイ ナシ チャンプル ……… 30

- 注文しよう ……………………………… 32
- メニューを読もう(食材・調理法) …… 34
- [これ、食べよう！ 欲張りメニュー]
- インドネシア料理 ……………………… 36
- バリ料理、地方料理 …………………… 38
- パダン料理 ……………………………… 40
- デザート、フルーツ …………………… 42
- 飲み物、お酒 …………………………… 44
- 味付け、味覚 …………………………… 46
- フードコートで食べよう ……………… 48
- 簡易食堂、屋台で食べよう …………… 50

買おう

イラスト&エッセイ オーダーメイドに挑戦 ……… 52

- 買い物をしよう ………………………… 54
- 伝統工芸品を買おう …………………… 56
- 欲しいサイズ、アイテム、形を探そう … 58
- 好きな色、柄、素材を伝えよう ……… 60
- ショッピングセンターへ行こう ……… 62
- スーパーへ行こう ……………………… 64
- 市場へ行こう …………………………… 66

バリ島 インドネシア語＋日本語・英語

極めよう

イラスト＆エッセイ バリ舞踊を体験 …… 68

バリ舞踊を鑑賞しよう …… 70
儀礼を体験しよう …… 72
バリ絵画を知ろう …… 74
スパ＆エステでリラックスしよう …… 76
アクティビティに挑戦しよう …… 78
映画、音楽、芸能を楽しもう …… 80
暦、季節、イベント、祭 …… 82

伝えよう

イラスト＆エッセイ バリ人の呼び名 …… 84

数字、単位 …… 86
時間、一日 …… 88
年月日、曜日 …… 90
家族、友達、人の性格 …… 92
趣味、職業 …… 94
自然、動植物とふれあおう …… 96
家庭を訪問しよう …… 98
疑問詞、助動詞、動詞 …… 100
形容詞、感情表現 …… 102

[さあ、困った！お助け会話]
体、体調 …… 104
病気、ケガ …… 106
事故、トラブル …… 108
column バリ人が信じていること …… 110

日本の紹介

日本の地理 …… 112
日本の一年 …… 114
日本の文化 …… 116
日本の家族 …… 118
日本の料理 …… 120
日本の生活 …… 122
column コミュニケーションのツボ …… 124

知っておこう

バリ島まるわかり …… 126
インドネシア語が上達する文法講座 …… 128
バリ島にまつわる雑学ガイド …… 132
インドネシア語で手紙を書こう！ …… 135
50音順インドネシア語単語帳 …… 136
お役立ち単語コラム
　出入国編 …… 137
　電話、通信編 …… 139
　国名編 …… 143

★本書はインドネシアの国語であるインドネシア語を基本としています。バリでの儀礼、慣習に関する用語などは、注記付きで一部バリ語を掲載しました。

はじめよう

会話のきっかけはあいさつから。まずはインドネシア語で話しかけてみよう。きっと笑顔で答えてくれるはずだ。

バリは、まず空が広くて気持ちいい。

ヤシの木より高い建造物はない。

（のどかだなあ〜）

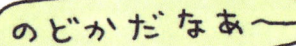

（電車やバスはないので基本的に移動はタクシーか徒歩。）

しかし、バリの雰囲気をつくるのは景観の良さもさることながら人々のにこやかさ。

いつでもどこでも目が合うと笑顔が返ってくる。

バリ在住の日本人女性がいうには

（バリの人も日本人っていつも笑顔だから好きなんだって）

えーなんかうれしい

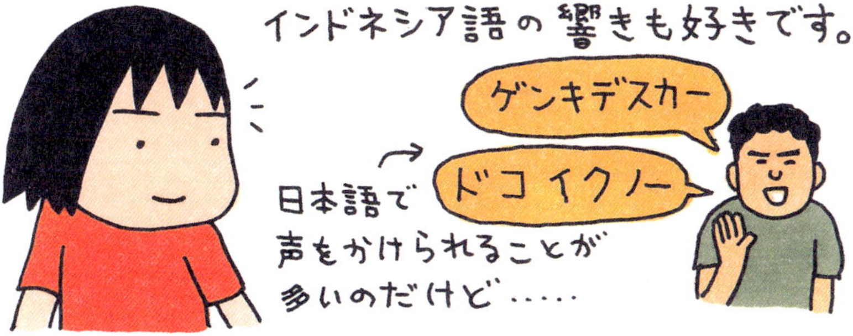

あいさつをしよう

Memberi salam
ムンブリ サラム
Greetings

おはようございます (〜10:00)
Selamat pagi.
スラマッ　パギ
Good morning.

こんにちは (10:00〜15:00)
Selamat siang.
スラマッ　スィアン
Hello

こんにちは (15:00〜18:00)
Selamat sore.
スラマッ　ソレ
Hello

こんばんは (18:00〜)
Selamat malam.
スラマッ　マラム
Good evening

おやすみなさい
Selamat tidur.
スラマッ　ティドゥル
Good night

お会いできてうれしいです
Senang bertemu dengan Anda.
スナン　ブルトゥム　ドゥガン　アンダ
It's nice to meet you.

おはよう／こんにちは／こんばんは (バリ語) ★
Om Swastyastu.
オーム　スワスティアストゥ
Good morning/Hello/Good Evening

● ていねいなあいさつ

お元気ですか？
Apa kabar?
アパ　カバル
How are you?

> 🌼 **ひとくちコラム**
> 日常のあいさつと「さようなら」
> 4つの時間帯であいさつを使い分けるが、各時間帯の別れ際にはそれぞれ「さようなら」の意味でも使われる。Selamat tinggal (jalan) .はしばらく会わない人への「さようなら」。帰国直前にお世話になった人に使おう。

元気です。ありがとう
Baik. Terima kasih.
バイッ　トゥリマ　カスィ
I'm good, thank you.

元気です。あなたは？
Baik-baik saja. Bagaimana dengan Anda?
バイッバイッ　サジャ　バゲマナ　ドゥガン　アンダ
I'm good, you?

さようなら (見送る人が旅立つ人に)
Selamat jalan.
スラマッ　ジャラン
Good bye!

さようなら (旅立つ人が見送る人に)
Selamat tinggal.
スラマッ　ティンガル
Bye!

★朝昼晩いつでも使えるバリ語のあいさつ。相手がバリ人とわかったら使ってみよう。「おっ！バリ語知ってるね？」と喜ばれること間違いなし。ただし、同じインドネシアでも他の民族には逆効果になるので注意。(→P10)

はじめよう

おひさしぶりです
Sudah lama tidak bertemu.
スダ ラマ ティダッ ブルトゥム
It's been a long time.

ごきげんいかがですか？
Bagaimana kabarnya?
バガイマナ カバルニャ
How have you been?

相変わらずです
Biasa saja.
ビアサ サジャ
Not bad.

まあまあです
Lumayan.
ルマヤン
Okay.

具合が悪いです ★★
Tidak enak badan.
ティダッ エナッ バダン
Not good.

○○さんによろしく
Sampaikan salam saya kepada ○○.
サンパイカン サラム サヤ クパダ ○○
Tell ○○ I said hello.

また会いましょう
Sampai jumpa lagi.
サンパイ ジュンパ ラギ
Let's get together again.

ありがとう
Terima kasih.
トゥリマ カスィ
Thanks.

どういたしまして
Sama-sama.
サマサマ
You're welcome.

また明日
Sampai besok.
サンパイ ベソッ
See you tomorrow.

● 気軽なあいさつ

どこへ行くの？
Mau ke mana?
マウ ク マナ
Where are you going?

ちょっと散歩に
Jalan-jalan saja.
ジャランジャラン サジャ
Just for walk.

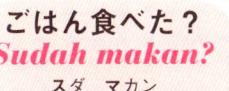

ごはん食べた？
Sudah makan?
スダ マカン
Have you eaten?

食べたよ
Sudah.
スダ
Yeah, I have.

またあとで
Sampai nanti.
サンパイ ナンティ
See you later.

いってらっしゃい
Hati-hati di jalan, ya.
ハティハティ ディ ジャラン ヤ
Bye.

🌸 ひとくちコラム

「どこへ行くの？」「ごはん食べた？」
親しくなると日常的に聞かれるが、バリではどちらも「あ、どうも！」といった程度のお決まりのあいさつ。返答に困ったら、Ke sana.（ク サナ）「そこまで」とか、Belum.（ブルム）「まだだよ」と気軽に答えるとよい。Hati-hati di jalan, ya.は「道中気をつけてね」という意味で、出かける人に対して使われる。

★★疲れなど多少の体調不良には使わない。医者を呼んでほしい時や病院に行きたい時などに使おう。

話しかけてみよう

Menyapa
ムニャパ
Speaking to Others

すみません（一般的な呼びかけ）
Permisi.
プルミスィ
Excuse me

すみません（男性への呼びかけ）
Pak. / Bapak.
パッ　バパッ
Excuse me, sir

すみません（女性への呼びかけ）
Bu. / Ibu.
ブ　イブ
Excuse me, ma'am

何かご用ですか？
Bisa dibantu?
ビサ　ディバントゥ
What can I do for you?

ちょっとおうかがいしますが。
Numpang tanya...
ヌンパン　タニャ
Could I ask you something?

いいですよ。どうぞ
Boleh. Silakan.
ボレ　スィラカン
Sure, go ahead.

これをもらってもいいですか？
Boleh minta ini?
ボレ　ミンタ　イニ
Can I take this?

ダメです
Tidak boleh.
ティダッ　ボレ
No, sorry.

もしもし
Halo.
ハロ
Hello?

もう一度言ってください
Tolong diulangi sekali lagi.
トロン　ディウランギ　スカリ　ラギ
Could you say that again?

お願いします ★
Tolong.
トロン
Please.

ゆっくり話してください
Tolong bicara pelan-pelan.
トロン　ビチャラ　プランプラン
Could you speak slower for me?

ちょっと待ってください
Tunggu sebentar.
トゥング　スブンタル
Just a moment, please.

🌸 ひとくちコラム

呼びかけの言葉
Bapak は男性、Ibu は女性の大人に対する一般的な呼びかけの言葉。親しみのある中にも敬意を表すが、青年にはあまり使わない。また、Bapak Wayan（バパッ　ワヤン）、Ibu Raka（イブ　ラカ）など名前と組み合わせると、「ワヤンさん」、「ラカさん（夫人）」の意味になる。同年代や年下なら、Nyoman（ニョマン）など名前だけでOK。

★Tolong. は助力・依頼を求める時に使う。緊急時に Tolong! と叫ぶと「助けて！」の意味になる。

インドネシア語がとても上手ですね
Bahasa Indonesianya bagus sekali.
バハサ インドネスィアニャ バグス スカリ
You speak Indonesian very well.

少しだけです。まだ勉強中です
Belum begitu pandai. Masih belajar.
ブルーム ブギトゥ パンダイ マスィ ブラジャル
Only a little, I'm studying it.

はい **Ya.** ヤ Yes.	いいえ **Tidak.** ティダッ No.	ちがいます **Bukan.** ブカン That's not right.
ありますか？／いますか？ **Ada?** アダ Do you have ○○?/ Is ○○ here(there)?	あります／います **Ada.** アダ Yes.	ありません／いません **Tidak ada.** ティダッ アダ No.
いります **Mau.** マウ I need ○○.	知っています **Tahu.** タウ I know.	🌸 **ひとくちコラム** 疑問文と否定の「tidak」「bukan」 日本語で「ある」を「ある？」と言うように、文末を尻上がりに発音するだけで疑問文になる。Ada.「ある／いる」は、Ada?「ある？／いる？」と尻上がりに言ってみよう。また、「tidak＋動詞」で「～ない」と否定を表すので、Ada.「あります／います」の否定ならTidak ada.「ありません／いません」と言えばよい。名詞の否定は「bukan＋名詞」で表す。（→P131）
わかりました **Mengerti.** ムングルティ I understand.	ごめんなさい **Maaf.** マアフ I'm sorry.	
大丈夫？ **Tidak apa-apa?** ティダッ アパアパ Are you okay?	大丈夫 **Tidak apa-apa.** ティダッ アパアパ I'm okay.	ダメ ★★ **Jangan.** ジャガン No.

前を失礼します
Permisi.
プルミシ
Pardon me.

お先に失礼します
Saya permisi dulu.
サヤ プルミスィ ドゥル
I have to be going.

使える！ワードバンク　あいづち編

本当？	**Betul?**	ブトゥール
まさか！	**Masa!**	マサ
そうですか	**Oh, begitu.**	オー ブギトゥ
素晴らしい！	**Bagus.**	バグース
了解です	**Baik.**	バイッ
もちろん	**Tentu saja.**	トゥントゥー サジャ
たぶん	**Mungkin.**	ムンキン

★★Jangan.は禁止、Boleh.は許可を表すが、Tidak boleh.も「許可しない」で禁止を表す。

自己紹介をしよう

Memperkenalkan Diri
ムンプルクナルカン　ディリ
Introductions

Barong

会社員	**karyawan** — カルヤワン — business person
公務員	**pegawai negeri** — プガワイ　ヌグリ — civil servant
主婦	**ibu rumah tangga** — イブ　ルマ　タンガ — housewife
フリーター	**bekerja paruh waktu** — ブクルジャ　パル　ワクトゥ — part-time worker
初めて	**pertama** — プルタマ — first time
仕事	**Pekerjaan** — ブクルジュアン — job
勉強する	**belajar** — ブラジャール — study holiday

こんにちは。私の名前は<u>アユ</u>です
Selamat siang. Nama saya <u>Ayu</u>.
スラマッ　スィアン　ナマ　サヤ　<u>アユ</u>
Hi, my name is Ayu.

あなたのお名前は？
Boleh tahu nama Anda?
ボレ　タウ　ナマ　アンダ
What's your name?

日本から来ました
Dari Jepang.
ダリ　ジュパン
I'm from Japan.

<u>学生</u>です （➡P95 職業）
Saya <u>mahasiswa</u>.
サヤ　<u>マハスィスワ</u>
I'm a <u>student</u>.

<u>21</u>歳です （➡P86 数字）
Umur saya <u>21</u> tahun.
ウムル　サヤ　<u>ドゥア　ブル　サトゥ</u>　タフン
I'm <u>twenty one</u> years old.

<u>2</u>回目です （➡P86 数字）
<u>Kedua</u> kali.
<u>クドゥア</u>　カリ
This is my <u>second</u> time.

<u>5</u>日間滞在します （➡P86 数字）
Saya tinggal selama <u>5</u> hari.
サヤ　ティンガル　スラマ　<u>リマ</u>　ハリ
I'm staying for <u>five</u> days.

<u>観光</u>で来ました
Saya datang untuk <u>wisata</u>.
サヤ　ダタン　ウントゥッ　<u>ウィサタ</u>
I came to do some <u>sightseeing</u>.

結婚していますか？★
Sudah menikah?
スダ　ムニカ
Are you married?

★バリ島では、初対面の相手でも家族や子供、年齢などプライバシーに関することでもごく普通に聞き合う。

こんにちは。私はマデです
Selamat siang. Saya Made.
スラマッ スィアン サヤ マデ
Hi, my name is Made.

どこから来たのですか？
Dari mana?
ダリ マナ
Where are you from?

私は○○に住んでいます
Saya tinggal di ○○.
サヤ ティンガル ディ ○○
I live in ○○.

職業は何ですか？
Kerjanya di mana?
クルジャニャ ディ マナ
What do you do?

何歳ですか？
Umurnya berapa?
ウムルニャ ブラパ
How old are you?

バリは初めてですか？
Pertama kali ke Bali?
プルタマ カリ ク バリ
Is this your first time on Bali?

どのくらい滞在しますか？
Tinggalnya berapa lama?
ティンガルニャ ブラパ ラマ
How long are you staying?

電話番号を書いてください
Tolong tulis nomor teleponnya.
トロン トゥリス ノモル テレポンニャ
Could you write down your telephone number for me?

結婚しています。子供がいます
Sudah menikah. Sudah punya anak.
スダ ムニカ スダ プニャ アナッ
I'm married with a child.

住所
alamat
アラマッ
mail address

メールアドレス
alamat e-mail
アラマッ イーメル
email address

名前
nama
ナマ
name

結婚していません
Belum menikah.
ブルム ムニカ
I'm not married.

子供はいません
Belum punya anak.
ブルム プニャ アナッ
I don't have children.

歩こう

ビーチリゾート、伝統芸能に寺院めぐりなど、バリ島の魅力は多彩。世界遺産があるジャワ島には国内線で行ける。

バリには寺院が沢山ある。それだけ宗教が生活に根付いていて大切なものなのだ。

入場するには→ ヒザ上丈はダメ

参拝するには→ 腰布と帯 (貸してくれるお寺もある)

正装 ←上着 ←帯 ←腰布

本当におまいりする人だけが入る。
正しいですよね。

(大きい寺院には英語でもその旨注意書きがある)→

DO NOT ENTER FOR THE WORSHIP ONLY

のぞくだけ

しかし！ 旅人だからこそふれてみたい現地の文化!!

至るところでみかけるお供え用の花

あります！信者以外でも参加できる——

「オダラン！」

オダランとは寺院の建立記念日を祝う祭。

寺院の数だけオダランがあるので「町ゆけばオダランに遭遇する」というくらいよく見かける。

（オダランの日程について知りたい場合は、観光案内所などで情報を）

お供えを運ぶ女性たち

みんなここぞとばかりオシャレをしている

参加といっても、やはり寺院に入るには

おごそかでケンランな寺院内

↓
- バリ式の正装
- 事前に入浴をして身をきれいにする
- 出血をしている人は（生理中の女性も）入れない

などの条件がある。

でも、寺院の外にもステージが設置され、いろいろな催しが!!お祭りムード満点！こちらは正装していなくてもOK。

ガムラン（器楽合奏）

夜になるほど活気づいてゆくオダラン。

熱気ムンムンです。

★オダランについてはP72参照

バリ島を巡ろう

Berkeliling di Pulau Bali
ブルクリリン　ディ　プロウ　バリ
Travelling Around Bali

バリ島は34州からなるインドネシア共和国の1州で、州都はデンパサール。面積は東京のおよそ2倍半にあたる。人気のリゾートは島の南部に集まるが、山岳と湖、渓谷や水田が織りなす緑豊かな風景も、バリ島の大きな魅力だ。

食事をするにはどこがおすすめですか？
Kalau mau makan, sebaiknya di mana ?
カロウ　マウ　マカン　スバイッニャ　ディ　マナ
Where do you recommend for dinner?

ジンバランです
Di Jimbaran.
ディ　ジンバラン
Jimbaran is good.

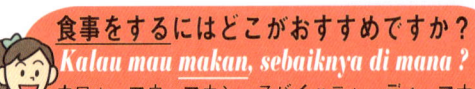

---

column　多民族国家インドネシア

1万7000もの島々に、言語、宗教、文化の異なる350の民族が暮らすインドネシア。各民族は地方語を話し、国語であり、共通語でもあるインドネシア語は、多くのインドネシア人にとって第2言語となる。全国から様々な民族が集まるバリ島では、まず相手の出身地を知ることがコミュニケーションの第一歩。また、それぞれ宗教も異なるので、例えばイスラム教徒が多いジャワ人は豚肉や酒がNG！　など細やかな注意が必要だ。

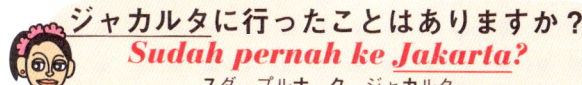

出身はどちらですか？
Asalnya dari mana?
アサルニャ ダリ マナ
Where are you from?

ジャカルタです。
Dari Jakarta.
ダリ ジャカルタ
I'm from Jakarta.

ジャカルタに行ったことはありますか？
Sudah pernah ke Jakarta?
スダ プルナ ク ジャカルタ
Have you ever been to Jakarta?

行ったことがあります
Sudah pernah.
スダ プルナ
Yes, I have.

行ったことはありません
Belum pernah.
ブルム プルナ
No, I haven't.

予約
booking / pesanan
ブッキン プサナン
reservation

手数料
biaya administrasi
ビアヤ アドミニストゥラスィ
fee

ツアー料金
ongkos tur
オンコス トゥル
tour rate

1日
sehari
スハリ
one day

ガイド料
ongkos pemandu
オンコス プマンドゥ
guide bill

日帰り観光
tur wisata sehari
トゥル ウィサタ スハリ
Day's sightseeing

人気のエリアを巡ろう
Berkeliling di daerah terkenal
ブルクリリン ディ ダエラ トゥルクナル
Let's go around popularity areas

ウブド / Ubud

デンパサー / Denpasar

サヌー / Sanur

クロボカン / Kerobokan

スミニャック / Seminyak

レギャン・ビーチ / Legian Beach

レギャン / Legian

クタ・ビーチ / Kuta Beach

クタ / Kuta

スラン / P.Ser

ングラ・ライ国際空港 / Ngurah Rai International Airport

ブノア港 / Benoa Harbor

タンジュン・ブノア / Tanjung Benoa

ジンバラン湾 / Teluk Jimbaran

ジンバラン・ビーチ / Jimbaran Beach

ジンバラン / Jimbaran

ブノア湾 / Teluk Benoa

チェンギリン / Cengiling

バドゥン半島

ヌサ・ドゥア / Nusa Dua

スルバン / Suluban

ウルワトゥ寺院 / Pura Uluwatu

サワンガン / Sawangan

ウルワトゥ / Uluwatu

プチャトゥ / Pecatu

ウンガサン / Ungasan

クトゥ / Kutuh

スパを楽しむ
menikmati spa
ムニクマティ　スパ
go to a spa

のんびりする
santai
サンタイ
relax

ショッピングをする
berbelanja
ブルブランジャ
go shopping

マリンスポーツをする
berolahraga bahari
ブルオララガ　バハリ
do marine sports

スミニャック＆クロボカン
Seminyak & Kerobokan
スミニャッ　ダン　クロボカン
Seminyak & Kerobokan

閑静な通り沿いにセンスのいいバリ雑貨や家具の店が連なる。雑貨好きには見逃せないエリア。

クタ＆レギャン
Kuta & Legian
クタ　ダン　レギアン
Kuta & Legian

島内一の繁華街。買い物、グルメ、ナイトスポットすべてが充実。海岸でサンセットも楽しめる。

ジンバラン
Jimbaran
ジンバラン
Jimbaran

シーフードの屋台が浜辺にずらりと並ぶ。海に沈む夕日を眺めながら、新鮮な魚の炭火焼を味わおう。

海
laut
ラウッ
sea

ウブド
Ubud
ウブッ
Ubud

芸能、芸術の中心地。バリ舞踊は必見。美術館も多い。田園風景が郷愁を誘い、のんびり過ごせる。

デンパサール
Denpasar
デンパサル
Denpasar

バリ州の州都で、政治、経済の中心地。デパートや市場もにぎやかで、島民の日常生活がうかがえる。

ビーチ
pantai
パンタイ
beach

島
pulau
プラウ
island

サヌール
Sanur
サヌル
Sanur

落ち着きのあるビーチリゾート。白砂のビーチで読書するもよし、マリンスポーツするもよし。

ヌサドゥア＆ブノア
Nusa Dua & Benoa
ヌサ　ドゥア　ダン　ブノア
Nusa Dua & Benoa

完全なリゾート地。高級ホテルにプライベートビーチ。エステやアクティビティで優雅な休日を。

村
kampung / desa
カンプン　デサ
village

国立公園
taman nasional
タマン　ナスィオナル
national park

🌸 **ひとくちコラム**

まだまだある人気エリア
これらの代表的なエリアの他にも、ジェゴグとよばれる竹製の巨大ガムランで有名なヌガラ、イルカウォッチングを楽しむことができるロビナ、ダイビングの人気スポットであるレンボンガン島などがある。また、約1500mの高原にあるキンタマニは、バトゥール湖を一望する景勝地として人気がある。

ジャワ島の世界遺産を訪ねよう

Berkunjung ke Warisan Dunia di Pulau Jawa
ブルクンジュン ク ワリサン ドゥニア ディ プロウ ジャワ
Visiting Java's World Heritage Sites

バリ島の西に位置するジャワ島。古都ジョグジャカルタへは、バリ島から約1時間のフライトだ。町の周辺には世界遺産に指定された遺跡群が点在する。

ボロブドゥール寺院 世界遺産
Candi Borobudur

チャンディ ボロブドゥール
Borobudur Temple

世界最大の仏教遺跡で、大乗仏教の世界観を表す。紀元8～9世紀の建立といわれている。広大な敷地を歩き回るので、涼しい早朝や夕方に行くとよい。

○ムラピ山へ

○ムンティラン
Muntilan

ムンドゥッ寺院
Candi Mendut

パウォン寺院
Candi Pawon

ボロブドゥール寺院
Candi Borobudur

N
0　3　6km

K. Batang
Kali Progo
K. Krasak
Kali Tepus

タマン・サリ
Taman Sari

マリオボロ通り
Jalan Malioboro

プランバナン寺院群
Kompleks Candi Prambanan

トゥグ駅
STN.TUGU　インドネシア国有鉄道

ラトゥ
Ratu

カラサンサ
C.Kalasan

アディスチプト空港
Adisucipto Airport

コタ・グデ
Kota Gede

ソノブドヨ博物館
Museum Sonobudoyo

王宮
Kraton

プランバナン寺院群 世界遺産
Kompleks Candi Prambanan

コンプレクス チャンディ プランバナン
Prambanan Temple Complex

シヴァ堂を中心とした優美なヒンドゥー寺院遺跡。紀元9～10世紀の建立といわれる。5～10月の夜は野外劇場でラーマーヤナ舞踊劇も上演している。

○ジャカルタへ
Kali Opak
イモギリ
Imogiri

ジャワ島 Jawa
ジャカルタ
ジョグジャカルタ

世界遺産に興味があります
Saya berminat pada warisan dunia.
サヤ　ブルミナッ　パダ　ワリサン　ドゥニア
I'm interested in World Heritage Sites.

ボロブドゥールに行きたいのですが
Saya mau ke Borobudur.
サヤ　マウ　ク　ボロブドゥル
I would like to go to Borobudur.

ジョグジャカルタ
Yogyakarta
ジョグジャカルタ
Yogyakarta

中部ジャワの中心都市。スルタン（イスラム君主）が在位する特別自治区。

王宮
Kraton
クラトン
Royal Palace

現在も王族が住んでいる。王家の財宝や楽器などが見学できる。

ソノブドヨ博物館
Museum Sonobudoyo
ムセウム　ソノブドヨ
Sonobudoyo Museum

ジャワの伝統文化を紹介する博物館。影絵芝居も上演されている。

マリオボロ通り
Jalan Malioboro
ジャラン　マリオボロ
Malioboro Avenue

ジョグジャカルタ最大の繁華街。屋台や夜店が出て夜も盛況。

コタ・グデ
Kota Gede
コタ　グデ
Kota Gede

中部ジャワ独特の銀細工の工房やショップが立ち並ぶ銀製品の町。

タマン・サリ
Taman Sari
タマン　サリ
Taman Sari

「美しい園」を意味する王家の離宮。女官たちの沐浴場があった。

使える！ワードバンク　ジャワ島編

日本語	インドネシア語	読み
手描きバティック	**batik tulis**	バティッ　トゥリス
型押しバティック	**batik cap**	バティッ　チャッ（プ）
銀細工	**kerajinan perak**	クラジナン　ペラッ
革製品	**produk kulit**	プロドゥッ　クリッ
影絵芝居	**wayang kulit**	ワヤン　クリッ
人形芝居	**wayang golek**	ワヤン　ゴレッ
ジャワ舞踊	**tari Jawa**	タリ　ジャワ
ラーマーヤナ舞踊	**Sendratari Ramayana**	スンドゥラタリ　ラーマーヤナ
ブリンハルジョ市場★	**Pasar Beringharjo**	パサル　ブリンハルジョ
ンガスム市場★	**Pasar Ngasem**	パサル　ンガスム
ディエン高原★★	**Dataran Tinggi Dieng**	ダタラン　ティンギ　ディエン

ひとくちコラム
ベチャ引きの作戦
ジョグジャカルタの足といえば三輪自転車タクシーのベチャ（becak）。のんびりと市内観光をするなら、1日チャーターすると便利だ。しかし、トラブル防止のためにも、乗る前には必ず料金交渉をしよう。また、頼んでもいないのにバティックや銀細工の店に連れて行こうとしたら要注意。客を案内し、仲介料をかせぐこともあるからだ。最後にチャーター料の値上げを要求してくることもあるが、最初に決めた金額だけ払えば問題はない。

★ブリンハルジョ市場は何でも揃う庶民の百貨店。ンガスム市場は鳥市場。
★★ディエン高原はボロブドゥール寺院から車で2時間。遺跡めぐりや高原散策が楽しめる。

道を尋ねよう

Menanyakan Jalan

ムナニャカン　ジャラン

Asking for directions

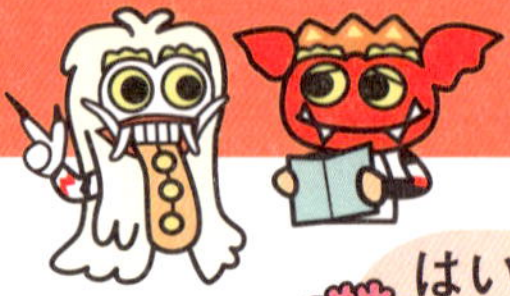

〇〇はどこですか？★

Di mana 〇〇nya?

ディ　マナ　〇〇ニャ

Could you tell me where 〇〇 is?

ここから歩いて行けますか？

Bisa jalan kaki dari sini?

ビサ　ジャラン　カキ　ダリ　スィニ

Can I walk from here?

はい、歩いて行けます

Ya, bisa.

ヤ　ビサ

Yes, you can.

無理です

Tidak bisa.

ティダッ　ビサ

No, it's far.

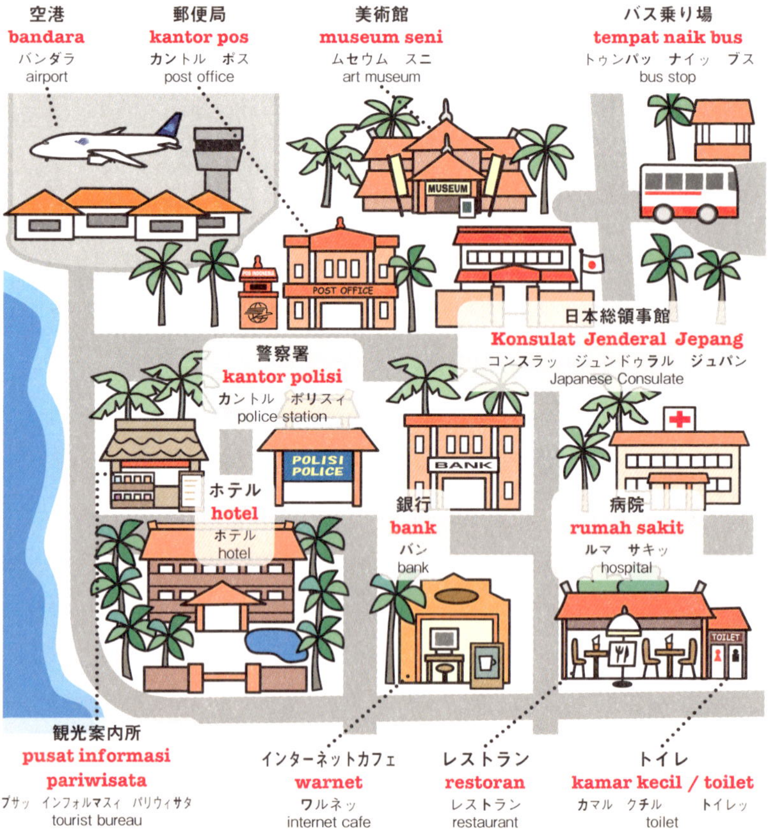

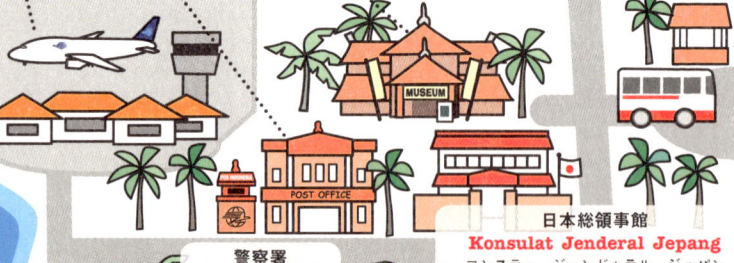

空港
bandara
バンダラ
airport
郵便局
kantor pos
カントル　ポス
post office
美術館
museum seni
ムセウム　スニ
art museum
バス乗り場
tempat naik bus
トゥンパッ　ナイッ　ブス
bus stop
MUSEUM
POST OFFICE
日本総領事館
Konsulat Jenderal Jepang
コンスラッ　ジュンドゥラル　ジュパン
Japanese Consulate
警察署
kantor polisi
カントル　ポリスィ
police station
POLISI
POLICE
BANK
ホテル
hotel
ホテル
hotel
銀行
bank
バン
bank
病院
rumah sakit
ルマ　サキッ
hospital
TOILET
観光案内所
pusat informasi pariwisata
プサッ　インフォルマスィ　パリウィサタ
tourist bureau
インターネットカフェ
warnet
ワルネッ
internet cafe
レストラン
restoran
レストラン
restaurant
トイレ
kamar kecil / toilet
カマル　クチル　トイレッ
toilet

★尋ねる前に「すみません」（Permisi. プルミスィ）や「ちょっと聞いてもいいですか?」（Numpang tanya? ヌンパン　タニャ）と声をかけるとより丁寧。

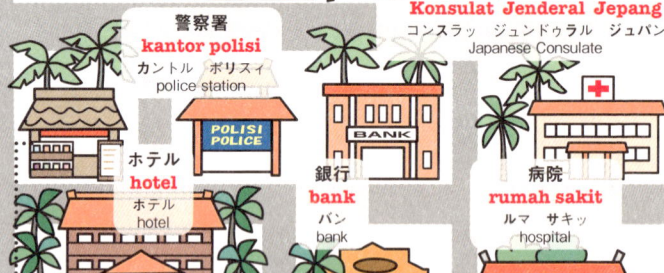

この近くに◯◯はありますか？
Ada ◯◯ di sekitar sini?
アダ ◯◯ ディ スキタル スィニ
Is there a ◯◯ close to here?

ひとくちコラム
100%信じちゃダメ！？
バリ人は「知らない」と言うことを嫌がり、道を聞かれると知らない所でも適当に答えてしまう。不安なら何人かに尋ねた方が安全。

あります。あそこです
Ada. Di sana.
アダ ディ サナ
Yes, there's one over there.

ありません
Tidak ada.
ティダッ アダ
No, there isn't.

道に迷いました
Saya nyasar.
サヤ ニャサル
I'm lost.

（地図を指さしながら）ここはどこですか？
Ini di mana?
イニ ディ マナ
Can you tell me where this is?

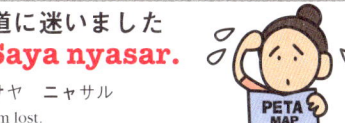

北 **utara** ウタラ north
西 **barat** バラッ west
東 **timur** ティムル east
南 **selatan** スラタン south
上 **atas** アタス above
下 **bawah** バワ below
左へ **ke kiri** ク キリ to the left
まっすぐ **lurus** ルルス straight
後 **belakang** ブラカン behind
前 **depan** ドゥパン in front of
戻る **kembali** クンバリ go back
右へ **ke kanan** ク カナン to the right

連れて行ってもらえますか？
Bisa antar saya?
ビサ アンタル サヤ
Could you take me there?

近い **dekat** ドゥカッ near	遠い **jauh** ジャウ far
ここに **di sini** ディ スィニ here	そこに **di situ** ディ スィトゥ there
こちら側 **sebelah sini** スブラ スィニ this way	向こう側 **sebelah sana** スブラ サナ that way

使える！ワードバンク 交通編

道	**jalan** ジャラン
◯◯通り★★	**Jalan ◯◯** ジャラン ◯◯
交差点	**perempatan** プルンパタン
信号	**lampu merah** ランプ メラ
つきあたり	**ujung jalan** ウジュン ジャラン
横断する	**menyeberang** ムニュブラン
（◯◯へ）曲る	**belok (ke ◯◯)** ベロッ(ク ◯◯)

★★すべての道には名前がついているので、目的地の通り名を覚えておくと便利。

乗り物に乗ろう
Naik Kendaraan
ナイッ クンダラアン
Travelling by Vehicle

タクシー ★
taksi
タクスィ
taxi

バリタクシーなどメーター付タクシーを選ぼう。停め方は日本と同じだ。

○○まで行ってください
Tolong ke ○○.
トロン ク ○○
Go to ○○, please.

メーターを使ってください
Tolong pakai argo.
トロン パカイ アルゴ
Please turn on the meter.

壊れてます
Argonya rusak.
アルゴニャ ルサッ
It's broken.

急いでいます
Saya terburu-buru.
サヤ トゥルブルブル
I'm in a bit of a hurry.

おつりをください
Minta kembaliannya.
ミンタ クンバリアンニャ
Could I have my change, please?

乗るのをやめます
Tidak jadi naik.
ティダッ ジャディ ナイッ
Well, sorry, but I don't want a ride.

ここで停めてください
Tolong berhenti di sini.
トロン ブルフンティ ディ スィニ
Please let me out here.

(メモを見せながら) ここに行ってください
Saya mau ke sini.
サヤ マウ ク スィニ
Please go to this address.

チャーター車
mobil carteran
モビル チャルトゥラン
charter car

ホテルや旅行会社で手配可能。一度に何ヵ所も回りたい時によい。

1日利用したいのですが
Saya mau pakai seharian.
サヤ マウ パカイ スハリアン
I would like to use it for a day.

料金はいくらですか？
Tarifnya berapa?
タリフニャ ブラパ
How much is it?

高すぎます
Terlalu mahal.
トゥルラル マハル
That's too expensive.

日本語が話せるドライバーはいますか？
Ada sopir yang bisa bahasa Jepang?
アダ ソピル ヤン ビサ バハサ ジュパン
Do you have a driver who speaks Japanese?

ここでしばらく待っていてください
Tolong tunggu di sini sebentar.
トロン トゥング ディ スィニ スブンタル
Please wait here for a moment.

★バリ島には鉄道や路線バスがないので、旅行者はタクシーやチャーター車を利用するのが一般的。

○○行きのチケットを2枚ください。
Minta 2 tiket untuk ○○.
ミンタ　ドゥア　ティケッ　ウントゥッ　○○
Two ticket to ○○, please.

シャトルバス
shuttle bus

シャトゥル　ブス
shuttle bus

町から町への移動はバスがリーズナブル。観光客用バスなので安全。

バス乗り場はどこですか？
Di mana tempat naik bus?
ディ　マナ　トゥンパッ　ナイッ　ブス
Where is the bus stop?

ホテルまで迎えに行きます
Jemput ke hotel.
ジュンプッ　ク　ホテル
I'll meet you at the hotel.

時刻表をください
Minta jadwalnya.
ミンタ　ジャドワルニャ
Can I have a timetable, please?

キャンセルします
Saya mau membatalkan.
サヤ　マウ　ムンバタルカン
I'd like to cancel.

レンタサイクル
sepeda sewaan

スペダ　セワアン
rental cycle

歩き回るにはちょっと広いウブドなどのエリアで利用すると便利。

試してみてもいいですか？
Boleh dicoba?
ボレ　ディチョバ
Can I try it out?

鍵はついていますか？
Ada kuncinya?
アダ　クンチニャ
Is there a lock?

馬車
dokar
ドッカル
carriage

デンパサールやクタ周辺で利用できる。乗る前に値段交渉をしよう。

ミニバス
bemo
ベモ
minibus

庶民の足として活躍するミニバス。慣れていない観光客には不向き。

バイクタクシー
ojek
オジェッ
motorcycle taxi

徒歩15分程度の距離ならオジェックが手軽で便利だが、事故に注意。

観光しよう

Berwisata
ブルウィサタ
Sightseeing

入場券はいくらですか？
Karcis masuknya berapa?
カルチス　マスッニャ　ブラパ
How much is admission?

大人2枚ください （➡P86 数字）
Minta 2 untuk orang dewasa.
ミンタ　ドゥア　ウントゥッ　オラン　デワサ
Two adults, please.

開館時間（閉館時間）は何時ですか？（➡P88 時間）
Bukanya (Tutupnya) jam berapa?
ブカニャ　（トゥトゥッ（プ）ニャ）　ジャム　ブラパ
When do you open (close)?

休館日はいつですか？
Tutupnya hari apa?
トゥトゥッ（プ）ニャ　ハリ　アパ
When are your holidays?

年中無休です
Setiap hari buka.
スティアッ（プ）　ハリ　ブカ
We're open all year round.

月曜日です （➡P90 曜日）
Hari Senin.
ハリ　スニン
On Mondays.

<u>日本語</u>のパンフレットはありますか？
Ada brosur <u>bahasa Jepang</u>?
アダ　ブロスル　バハサ　ジュパン
Do you have any brochures in <u>Japanese</u>?

○○はありますか？	○○はどこですか？
Ada ○○?	**Di mana ○○nya?**
アダ　○○	ディ　マナ　○○ニャ
Do you have ○○?	Where is ○○?

○○に行きたいです	何時にここを出発しますか？
Saya mau ke ○○.	**Jam berapa berangkat dari sini?**
サヤ　マウ　ク　○○	ジャム　ブラパ　ブランカッ　ダリ　スィニ
I would like to go to ○○.	What time do we leave?

英語	大人	子供	入場券
bahasa Inggris	**orang dewasa**	**anak-anak**	**karcis masuk**
バハサ　イングリス	オラン　デワサ	アナッアナッ	カルチス　マスッ
English	adult	child	admission charge

24

日本語	Indonesian	カタカナ	English
トイレ	**toilet / WC**	トイレッ ウェーセー	toilet
廊下	**koridor**	コリドル	hallway
階段	**tangga**	タンガ	stairs
みやげ物店	**toko suvenir**	トコ スフェニル	souvenir shop
展示室	**ruang pameran**	ルアン パメラン	exhibit room
カフェテリア	**kafetaria**	カフェタリア	cafeteria
休憩所	**ruang istirahat**	ルアン イスティラハッ	rest area
入場券売り場	**loket**	ロケッ	admissions booth
駐車場	**tempat parkir**	トゥンパッ パルキル	parking lot

入口 — **pintu masuk** — ピントゥ マスッ — entrance

出口 — **pintu keluar** — ピントゥ クルアル — exit

禁煙 — **dilarang merokok** — ディララン ムロコッ — no smoking

押す ★ **dorong** ドロン push

引く ★ **tarik** タリッ pull

使える！ワードバンク 〈観光スポット編〉

スマラプラ宮殿	**Puri Semarapura**	プリ スマラプラ
ネカ美術館	**Museum Neka**	ムセウム ネカ
バリ博物館	**Museum Bali**	ムセウム バリ
バリバードパーク	**Taman Burung**	タマン ブルン
モンキーフォレスト	**Monkey Forest**	モンキー フォレス
キンタマニ	**Kintamani**	キンタマニ
ブラタン湖	**Danau Bratan**	ダナウ ブラタン

★Dorong(押す)、Tarik（引く）は建物の扉に表記されている。

はじめよう／歩こう／食べよう／買おう／麺めよう／伝えよう／日本の紹介

寺院、史跡を訪ねよう
Berkunjung ke Pura dan Tempat Bersejarah
ブルクンジュン ク プラ ダン トゥンパッ ブルスジャラ
Visiting Temples & Historic Sites

写真を撮ってもいいですか？
Boleh ambil foto?
ボレ アンビル フォト
May I take pictures?

いいです
Boleh.
ボレ
Go ahead.

だめです
Tidak boleh.
ティダッ ボレ
Sorry, no.

私の写真を撮っていただけますか？
Tolong ambil foto saya.
トロン アンビル フォト サヤ
Could you take a picture of me?

（シャッターボタンを指して）ここを押してください
Tolong pencet di sini.
トロン プンチェッ ディ スィニ
Just push this button.

ガイドは不要です
Tidak usah pakai pemandu.
ティダッ ウサ パカイ プマンドゥ
I don't need a guide.

ブサキ寺院 ★
Pura Besakih
プラ ブサキ
Besakih Temple

バリ島最高峰の聖山アグン山腹に建立されたバリ・ヒンドゥー寺院の総本山。大小30余りの寺院が立ち並ぶ。

タナ・ロット寺院
Pura Tanah Lot
プラ タナ ロッ
Tanah Lot Temple

16世紀建立。インド洋の荒波に削られた巨大な岩島の上に建ち、夕日に浮かぶ寺院のシルエットは絶景。

🌸 ひとくちコラム
お布施はいくら必要？
寺院や遺跡を訪れると、見学している最中に、ガイドとおぼしき人から、説明がてらお布施（sumbanganスンバガン）を求められることがある。必須ではないが、お布施をするなら、3,000〜5,000ルピアを目安に。入場料を支払う寺院や遺跡では、別途、お布施の必要はない。また、腰布や帯の貸し出しに料金が必要な寺院もあるが、そのような場合も不要。

立ち入り禁止
Dilarang Masuk
ディララン マスッ
No Entry

撮影禁止
Dilarang Memotret
ディララン ムモトレッ
photography prohibited

フラッシュ禁止
Dilarang Menggunakan Blitz
ディララン ムングナカン ブリッ
flash photography prohibited

★ブサキ寺院には自称ガイドが多く、勝手に付いて来て説明をし、後でガイド料を請求してくることもある。必要がないなら、きっぱりと断ろう。

中に入ってもいいですか？
Boleh masuk ke dalam?
ボレ マスッ ク ダラム
May I go inside?

この服装で入れますか？
Bisa masuk dengan pakaian ini?
ビサ マスッ ドゥガン パケアン イニ
May I go inside in these clothes?

ウルワトゥ寺院
Pura Luhur Uluwatu
プラ ルフル ウルワトゥ
Luhur Uluwatu Temple

バドゥン半島の突端、高さ70mの絶壁に立つ。10世紀頃の建立。インド洋や夕日の眺めも素晴らしい。

タマン・アユン寺院
Pura Taman Ayun
プラ タマン アユン
Taman Ayun Temple

ブサキ寺院に次ぐ2番目の規模。10基のメル（塔）のほか、池や噴水なども配された美しい境内。

ゴア・ガジャ
Goa Gajah
ゴア ガジャ
the Elephant Cave

「象の洞窟」という意味の寺院遺跡。レリーフや彫刻がみごと。

イエ・プル
Yeh Pulu
イエ プル
Yeh Pulu

岩肌のレリーフ。狩りなど日常風景が5つの場面に描かれている。

グヌン・カウィ
Gunung Kawi
グヌン カウィ
Gunung Kawi

岩肌を削り石彫りを施した陵墓。9基あり、高さは7mにも及ぶ。

■寺院観光のマナー

寺院を訪れる際は、タンクトップやショートパンツなど肌を露出した服装は不適切。入口で腰にまく布と帯の貸し出しをしている寺院もある。また、生理中の女性やケガなどで出血している人は入場できない。オダラン（寺院創立記念祭）についてはP72参照。

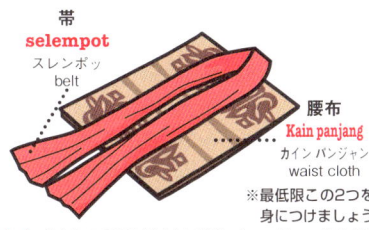

帯
selempot スレンポッ belt

腰布
Kain panjang カイン パンジャン waist cloth

※最低限この2つを身につけましょう

使える！ワードバンク ヒンドゥー寺院編

ヒンドゥー寺院★★	**pura**	プラ
門	**pintu gerbang**	ピントゥ グルバン
やぐら	**bale**	バレ
木製の鐘	**kulkul**	クルクル
割れ門	**candi bentar**	チャンディ ブンタル
奥の門	**kori agung**	コリ アグン
塔	**meru**	メル
神座	**padmasana**	パドマサナ
墓	**makam**	マカム
寺院遺跡	**candi**	チャンディ
お祈り	**sembahyang**	スンバヤン
お布施	**sumbangan**	スンバガン

★★バリ人の90％以上はバリ・ヒンドゥー教を信奉している。

泊まってみよう

Menginap
ムギナッ（プ）
Staying Over

○○です。チェックインをお願いします
Saya ○○. Mau check in.
サヤ ○○. マウ チェッ イン
My name is ○○. I'd like to check in.

パスポートをお願いします
Boleh lihat pasporya?
ボレ リハッ パスポルニャ
Could you show me your passport, please?

日本語を話せる人はいますか？
Ada yang bisa bahasa Jepang?
アダ ヤン ビサ バハサ ジュパン
Is there anyone who speaks Japanese here

います
Ada.
アダ
Yes, there is.

いません
Tidak ada.
ティダッ アダ
No, there isn't.

○○の使い方がわかりません
Tidak tahu cara pakai ○○.
ティダッ タウ チャラ パカイ ○○
I don't know how to use the ○○.

お湯が出ません
Air panasnya tidak keluar.
アイル パナスニャ ティダッ クルアル
There's no hot water.

部屋に鍵を置き忘れました
Kuncinya ketinggalan di kamar.
クンチニャ クティンガラン ディ カマル
I forgot my key in the room.

チェックアウトは何時ですか？
Check out-nya jam berapa?
チェッ アウッニャ ジャム ブラパ
When is check-out time?

ホテル
hotel
ホテル
hotel

エアコン
AC
アーセー
air conditioner

カーテン
korden
コルデン
curtain

窓
jendela
ジュンデラ
window

ベッド
tempat tidur
トゥンパッ ティドゥル
bed

枕
bantal
バンタル
pillow

ランプ
lampu
ランプ
lamp

電話
telepon
テレポン
telephone

冷蔵庫
kulkas
クルカス
refrigerator

テレビ
TV
ティフィ
television

ドア
pintu
ピントゥ
door

★ホテルの備品、日用雑貨はP65を参照。

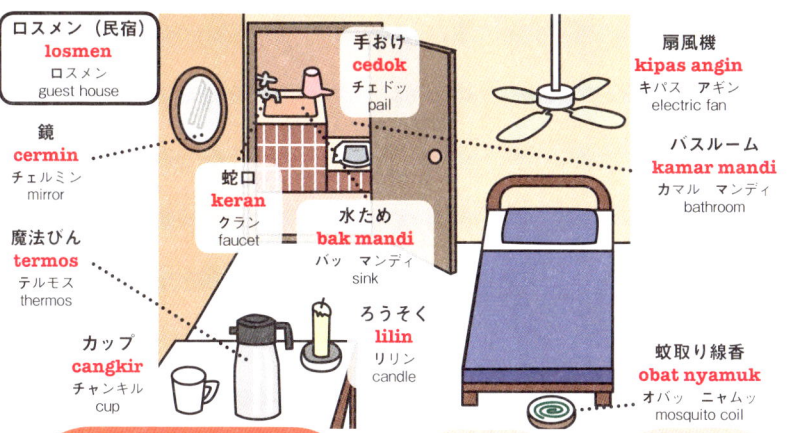

ロスメン（民宿） **losmen** ロスメン guest house
鏡 **cermin** チェルミン mirror
魔法びん **termos** テルモス thermos
カップ **cangkir** チャンキル cup
手おけ **cedok** チェドッ pail
蛇口 **keran** クラン faucet
水ため **bak mandi** バッ マンディ sink
ろうそく **lilin** リリン candle
扇風機 **kipas angin** キパス アギン electric fan
バスルーム **kamar mandi** カマル マンディ bathroom
蚊取り線香 **obat nyamuk** オバッ ニャムッ mosquito coil

空部屋はありますか？
Ada kamar kosong?
アダ カマル コソン
Do you have any rooms available?

あります
Ada.
アダ
Yes, we do.

満室です
Penuh.
プヌ
No, we're fully booked.

部屋を見せてください
Saya mau lihat kamarnya.
サヤ マウ リハッ カマルニャ
Could you show me a room?

1泊いくらですか？
Berapa semalam?
ブラパ スマラム
How much for one night?

○泊する予定です（➡P88 時間）
Saya akan menginap ○ hari.
サヤ アカン ムギナップ ○ ハリ
I'm planning on staying for ○ nights.

○○を持って来てください
Tolong bawa ○○ ke sini.
トロン バワ ○○ ク スィニ
Could you bring some ○○?

○○が壊れています
○○nya rusak.
○○ニャ ルサッ
The ○○ is broken.

ホットシャワーはありますか？
Ada air panas?
アダ アイル パナス
Do you have hot showers?

使える！ワードバンク　ホテル・ロスメン編

日本語	インドネシア語	カナ
フロント	resepsionis	レセプスィオニス
モーニングコール	wake-up call	ウェカッ（プ）コール
ランドリーサービス	laundry service	ラウンドリ サルフィス
朝食	sarapan	サラパン
新聞	koran	コラン
ハンガー	gantungan baju	ガントゥガン バジュ
リモコン	remote control	リモトゥ コントロール
セーフティボックス	safety box	セフテイ ボックス
エレベーター	lift	リフッ
非常口	pintu darurat	ピントゥ ダルラッ
トイレ	kamar kecil / toilet	カマル クチル／トイレッ
バスタブ	bath tub	バス トゥッ（ブ）
シャワー	shower	ショウエル
インターネット回線	sambungan internet	サンブガン イントゥルネッ
停電	mati lampu	マティ ランプ
雨漏り	bocor	ボチョル

★★ロスメンは質素だが料金は格安。こぢんまりとしてアットホームな雰囲気でリピーターに人気。
水シャワーのロスメンも多いので、ホットシャワーが希望であれば確認しよう。

食べよう

インドネシア料理のほか、ご当地バリ料理をはじめ、ジャワ料理、パダン料理などの地方料理にもトライしよう。

「Minta bir. ミンタビル」（ビール下さい）

←ビールがあればとりあえずシアワセですが‥‥

バリの人は日常的にお酒を飲む習慣がないからか、こんなこともある。

インドネシア産のビンタンビール→

冷えていないので氷入り

ストロー↓

んむっ？

でもどこでもビールはある

わたしがバリで気に入っている料理は

「ナシ チャンプル！」

Nasi（ごはん）Campur（混ぜる）
つまり、いろいろなお惣菜のっけご飯です。

スミニャックのワルンで食べたやつ

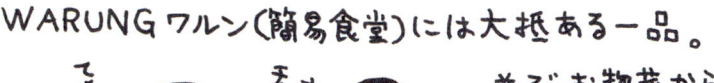

WARUNG ワルン（簡易食堂）には大抵ある一品。

並ぶお惣菜から自分の好きなものをチョイスすることもできる。

ローカルフードをいろいろ試せます。店によっても違うし。

ウブドのワルンで

手で食べている姿もよくみかけるので

現地式にならうのも一興‥‥。

三本指でつまむ

お気に入りの店、味、スタイルをみつけたい。

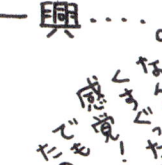

あっなんかくすぐったい感覚！でもたのしいな！！

あと、食堂に必ず置かれている調味料。

辛いソース サンバルメラ

トウガラシのオイル炒め サンバルゴレン

甘口しょうゆ ケチャップマニス

クセになる味です！！

これなしではバリとはいえない！

土産 スーパーでいろいろ売っています

注文しよう
Memesan Makanan
ムムサン　マカナン
Ordering Food

2名です。席はありますか？★
Dua orang. Ada tempat duduk?
ドゥア　オラン　アダ　トゥンパッ　ドゥドゥッ
Two people, please. Do you have any tables free?

あります
Ada.
アダ
Yes, we do.

ありません
Tidak ada.
ティダッ　アダ
No, we don't.

待ちます
Saya akan tunggu.
サヤ　アカン　トゥング
We'll wait.

またにします
Lain kali saja.
ライン　カリ　サジャ
Thanks anyway.

メニューをください **Minta menu.** ミンタ　メヌ Could we have a menu, please?	日本語（英語）のメニュー **menu bahasa Jepang (Inggris)** メヌ　バハサ　ジュパン（イングリス） Japanese (English) menu
コップを2つください **Minta gelas 2.**  ミンタ　グラス　ドゥア Two glasses, please.	ドリンクメニュー **daftar minuman** ダフタル　ミヌマン drink menu
あれと同じものをください **Minta yang sama seperti itu.** ミンタ　ヤン　サマ　スプルティ　イトゥ I'll have the same thing.	おしぼり **lap tangan basah** ラッ（プ）　タガン　バサ hand towel
（メニューを指して）これをください **Minta ini.** ミンタ　イニ (Pointing at the menu) This, please.	つまようじ **tusuk gigi**  トゥスッ　ギギ toothpick
お皿を取り替えてください **Tolong ganti piringnya.** トロン　ガンティ　ピリンニャ Could I have a new plate, please?	お碗 **mangkok**  マンコッ bowl
おなかがすいた **Lapar.**  ラパル I'm hungry.	おなかがいっぱい **Kenyang.**  クニャン I'm full.

★インドネシア語は、文頭にくる数字はスペルアウトして表記する。

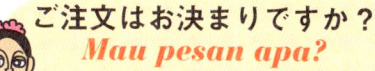

ご注文はお決まりですか？
Mau pesan apa?
マウ プサン アパ
Have you decided what you would like?

もうちょっと待ってください
Tunggu sebentar.
トゥング スブンタル
Just a few more minutes, please.

- カップ **cangkir** チャンキル cup
- ウェイター／ウェイトレス **pelayan restoran** プラヤン レストラン waiter/waitress
- イス **kursi** クルスィ chair
- 箸 **sumpit** スンピッ chopsticks
- ナイフ **pisau** ピソゥ knife
- テーブル **meja** メジャ table
- フォーク **garpu** ガルプ fork
- スプーン **sendok** センドッ spoon
- コック **koki** コキ cook

追加のご注文はありますか？
Mau pesan apa lagi?
マウ プサン アパ ラギ
Would you like anything else?

ひとくちコラム
まだお皿をさげないで！
料理がまだ残っているのにウェイターがお皿をさげようとすることもしばしば。そんな時は、Belum.（ブルム）「まだです」とはっきり伝えよう。

もう充分です
Cukup.
チュクッ（プ）
No, thank you.

頼んだ料理がまだ来ません
Pesanannya belum datang.
プサナンニャ ブルム ダタン
The food we ordered hasn't come yet.

| 勘定をお願いします **Minta bonnya.** ミンタ ボンニャ Could we have the cheque, please? | おごり **traktir** トラクティル one bill | ワリカン **BS** ベーエス split the bill |

メニューを読もう（食材、調理法）

Membaca Menu (Bahan Makanan dan Cara Memasak)
ムンバチャ　メヌー　バハン　マカナン　ダン　チャラ　ムマサッ
Reading the Menu (Ingredients, Cooking Method)

おすすめ料理は何ですか？
Masakan apa yang spesial di sini?
マサカン　アパ　ヤン　スペシアル　ディ　スィニ
What is your specialty?

アヒル料理はありますか？
Ada masakan bebek?
アダ　マサカン　ベベッ
Do you have any duck dishes?

メニュー名
nama menu 　ナマ　メヌ
Menu Names

インドネシアのメニュー名は基本料理名（串焼き等）＋食材名、または食材名＋調理法の組み合わせで構成されているものが多い。

基本料理名 **nama masakan dasar** ナマ　マサカン　ダサル Basic Dish Names	食材名 **nama bahan makanan** ナマ　バハン　マカナン Ingredient Names	調理法 **cara memasak** チャラ　ムマサッ Cooking Methods
串焼き **sate** サテ kebab 	ご飯 **nasi** ナスィ rice 	揚げる ★ **goreng** ゴレン fry
お粥 **bubur** ブブル rice porridge 	麺 **mie** ミ noodles 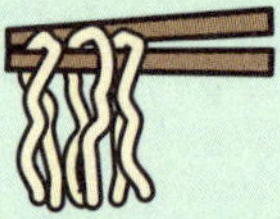	直火で焼く **bakar** バカル roast 
カレー **kari** カリ curry 	ニワトリ **ayam** アヤム chicken 	グリルする **panggang** パンガン grill
スープ **sup/sop** スプ　ソプ soup	魚 **ikan** イカン fish 	炒める **tumis** トゥミス sauté 
スパイシースープ **soto** ソト spicy soup 	エビ **udang** ウダン shrimp 	茹でる・煮る **rebus** ルブス boil, simmer 

★チャーハン、焼きそばはtumis「炒める」ではなくgoreng「揚げる」を使う。

料理名		素材名		メニュー名
串焼き **sate** kebab サテ	+	豚 **babi** pork バビ	⋯▶	豚の串焼き **sate babi** サテ バビ pork kebab
		ヤギ **kambing** カンビン goat	⋯▶	ヤギの串焼き **sate kambing** サテ カンビン goat kebab

食材名		調理法		メニュー名
ご飯 **nasi** ナスィ rice	+	揚げる **goreng** fry ゴレン	⋯▶	チャーハン **nasi goreng** fried rice ナスィ ゴレン
豆腐 **tahu** タフ tofu			⋯▶	揚げ豆腐 **tahu goreng** fried tofu タフ ゴレン

(メニューを指して) これは何の料理ですか？
Ini masakan apa?
イニ マサカン アパ
(pointing at the menu) What kind of food is this?

↓

シーフード料理です
Masakan seafood.
マサカン スィフッ
It's seafood.

汁物 kuah クア soup

混ぜる campur チャンプル mix/stir

蒸す kukus ククス steam

使える！ワードバンク 食材編

牛	**sapi**	サピ
オックステール	**buntut**	ブントゥッ
ロブスター	**lobster**	ロブストゥル
カニ	**kepiting**	クピティン
イカ	**cumi-cumi**	チュミチュミ
ウナギ	**belut**	ブルッ
ナマズ	**lele**	レレ
マグロ	**tuna**	トゥナ
貝	**kerang**	クラン
カエル	**kodok**	コドッ
卵	**telur**	トゥルール
テンペ ★★	**tempe**	テンペ

使える！ワードバンク 野菜編

野菜	**sayur**	サユール
空芯菜	**kangkung**	カンクン
トウモロコシ	**jagung**	ジャグン
ジャガイモ	**kentang**	クンタン
ニンジン	**wortel**	ウォルトゥル
キュウリ	**ketimun**	クティムン
キャベツ	**kol**	コル
トマト	**tomat**	トマッ
サツマイモ	**ubi**	ウビ
モヤシ	**tauge**	タウゲ
豆	**kacang**	カチャン
キノコ	**jamur**	ジャムール

★★大豆を発酵させた食品で、安くて栄養価も高い。おやつにもおかずにもなるポピュラーな食材。

インドネシア料理

Masakan Indonesia
マサカン　インドネシア
Indonesian Cuisine

○○はありますか？
Ada ○○?
アダ　○○
Do you have any ○○?

残ったものを包んでください
Tolong dibungkus sisanya.
トロン　ディブンクス　スィサニャ
Could you wrap the leftovers?

ご飯、麺
nasi, mie　ナスィ　ミ
Rice, Noodles

日本でもおなじみになったスパイシー料理のほか、あっさりした素朴な麺やお粥は、何度食べても飽きない人気のメニュー。

チャーハン
nasi goreng
ナスィ　ゴレン
fried rice

ご飯と鶏肉などの具材をヤシ油で炒めたスパイシーチャーハン。目玉焼きがのっていることもある。

数種類のおかずのせご飯
nasi campur
ナスィ　チャンプル
mixed rice

チャンプル（混ぜ合わせる）という名の通り、ご飯と数種類のおかずを一緒に盛り付けた賑やか料理。

鶏肉のお粥
bubur ayam
ブブル　アヤム
chicken rice porridge

お粥に鶏肉、揚げたエシャロット、刻んだネギなどがのせてある。甘口醤油をかけてからよく混ぜて食べる。

焼きそば
mie goreng
ミ　ゴレン
fried noodles

エビや鶏肉、青菜、キャベツ、ニンジンなどの具材が入った縮れ麺の焼きそば。味付けは甘口醤油。（→P46）

肉団子入り汁そば
mie bakso
ミ　バッソ
meat balls in noodle soup

牛肉や魚肉から作った肉団子の入った汁そば。あっさりスープにプリッとした肉団子がよく合う。

インドネシア風汁そば
mie kuah
ミ　クア
Indonesian noodle soup

日本のラーメンとは異なり、あっさり味の汁そば。どんぶりは小ぶりなので、小腹がすいた時に最適。

野菜料理、スープ

masakan sayuran, sup, soto　マサカン サユラン スプ ソト
Vegetable Dishes, Soup

野菜は酢漬けなどの付け合せ以外は火を通して食べる。スープには洋風のsupとインドネシア風でスパイシーなsotoがある。

温野菜サラダのピーナツソースがけ
gado-gado
ガドガド
steamed vegetables with peanut sauce

キャベツ、インゲンなどの茹で野菜、茹で卵、揚げ豆腐に甘辛ピーナツソースをからめた温野菜サラダ。

五目野菜炒め
capcai
チャプチャイ
five vegetable sauté

あっさりした味付けの野菜炒め。もともと中国料理だが、バリでもすでに定番料理となっている。

鶏肉と野菜のスパイシースープ
soto ayam
ソト アヤム
spicy chicken and vegetable soup

鶏肉、春雨、モヤシ、茹で卵など具だくさんのスパイシースープ。ご飯と一緒に食べる。

オックステールスープ
sop buntut
ソッ（プ）ブントゥッ
oxtail soup

牛の尻尾のスープ。やわらかく煮込んだ肉とコクのあるスープはやみつきになるおいしさ。

肉料理、魚料理

masakan daging, masakan ikan　マサカン ダギン マサカン イカン
Meat, Fish Dishes

イスラム教の影響により、鶏肉、ヤギ肉料理がメイン。豚肉や豚の加工品は使わない。魚は焼くか揚げたものが多い。

串焼き
sate
サテ
kebab

鶏肉はピーナツソース、ヤギ肉は甘口醤油ダレが定番。バリ名物は豚、魚、海ガメなどのつくね。

鶏のから揚げ
ayam goreng
アヤム ゴレン
deep fried chicken

香辛料で味付けをした後に素揚げしたものが一般的。衣を付けたり、辛味のタレをかけたものもある。

魚のスパイシー包み焼き
ikan pepes
イカン ペペス
spicy fish wraps

バナナの葉で包んだスパイスたっぷりの蒸し魚。ジューシーな白身にピリッとした辛さがマッチ。

揚げ魚の甘酢ソースがけ
ikan asam manis
イカン アサム マニス
sweet and sour fried fish

アサム（酸っぱい）、マニス（甘い）の名の通り、揚げ魚に甘酢ソースをかけた一品。

使える！ワードバンク　インドネシア料理編

白飯	**nasi putih** ナスィ プティ	エビせんべい★	**kerupuk udang** クルプッ ウダン
野菜の酢漬け	**acar** アチャル	ちまき	**lontong** ロントン
揚げ春巻き	**lumpia** ルンピア	豆腐と卵のお好み焼き	**tahu telur** タフ トゥルル
汁ビーフン	**bihun kuah** ビーフン クア	揚げテンペ	**tempe goreng** テンペ ゴレン

★インドネシア料理の付合せと言えばエビせんべい。淡いオレンジ色が料理を華やかにする。

バリ料理、地方料理

Masakan Bali , Masakan Daerah
マサカン　バリ、マサカン　ダエラ
Bali Cuisine, Specialty Cuisine

バリの名物料理は何ですか？
Apa masakan khas Bali?
アパ　マサカン　カス　バリ
What's Bali's specialty dish?

料理の中身は何ですか？
Isi masakannya apa?
イスィ　マサカンニャ　アパ
What's in it?

バリ料理
Masakan Bali マサカン　バリ
Bali Cuisine

インドネシアの大半の地域ではイスラム教徒が多く、豚料理はほとんどお目にかからない。バリは豚料理がある貴重な地域のひとつである。

豚の丸焼き
babi guling
バビ　グリン
roast pig

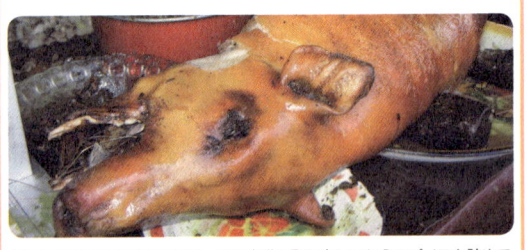

バリの儀礼に欠かせない料理。豚の内臓を取り出してからスパイスを詰めて丸焼きしたもの。バビ・グリン専門の屋台でも食べることができる。

アヒルの蒸し焼き
bebek betutu
ベベッ　ブトゥトゥ
grilled steamed duck

アヒルの肉とレモングラスなどのスパイスをヤシの木の皮に包み、長時間かけて蒸し焼きにしたもの。

つくね風串焼き
sate lilit
サテ　リリッ
spicy minced meat kebabs

ミンチにした肉をスパイスと混ぜて串に付けて炭火焼きにする。肉は、豚、鶏、魚、海ガメなど様々。

野菜とミンチ肉の和え物
lawar
ラワル
marinated minced meat and vegetables

茹でた野菜をみじん切りにし、ミンチにした豚肉、スパイス、ココナツフレークなどで和えた料理。

アヒル肉のギョウザ風蒸し焼き
tum bebek
トゥム　ベベッ
grilled and steamed duck meat dumplings

ミンチにしたアヒル肉を香辛料と混ぜてバナナの葉で包み、蒸し焼きにしたもの。豚、鶏、魚もある。

★バリでは普段の食事には鶏肉を使うことが多いが、儀礼時には豚やアヒルを自分たちでさばき豪勢な料理を作る。

ココナツミルクは入っていますか？
Ini pakai santan?
イニ パカイ サンタン
Is there any coconut milk in it?

ヤギ肉は苦手です。
Saya kurang suka danging kambing.
サヤ クラン スカ ダギン カンビン
I'm not good with goat meat.

地方料理
Masakan Deerah マサカン ダエラ
Specialty Cuisine

インドネシアの地方料理は様々。スラウェシは辛く、ジョグジャカルタは甘い料理が多い。西ジャワは生野菜をたっぷり使う。

野菜と鶏肉のごった煮
gudeg
グドゥッ
boiled chicken and vegetables

ジャックフルーツ、鶏肉、卵、テンペ、タケノコなどが入った甘い煮物。（ジョグジャカルタ）

鶏肉のココナツミルク煮
opor ayam
オポル アヤム
coconut milk boiled chicken

鶏肉をココナツミルクとスパイスで煮込んだもの。辛味が少なく日本人の口にも合う。（ジャワ）

牛肉のスパイシースープ
rawon
ラウォン
spicy beef soup

Kluwakという実を使った牛肉入りの黒いスープ。塩漬けの卵と一緒に食べる。（東ジャワ）

パイ皮まんじゅう
bakpia
バッピア
hard steamed bun

ジョグジャカルタの定番土産。中身は小豆あん、緑豆あんなどがある。（ジョグジャカルタ）

焼き鶏のスパイシーソースがけ
ayam rica-rica
アヤム リチャリチャ
grilled chicken with spicy sauce

鶏肉を焼き、トウガラシ入りの辛いスパイスソースをまぶし、再び焼いたもの。（北スラウェシ）

野菜の酸味スープ
sayur asem
サユル アスム
sour vegetable soup

トウモロコシ、インゲン、ピーナツなどをタマリンドなどで味付けした酸味のあるスープ。（西ジャワ）

牛の内臓入りスープ
soto madura
ソト マドゥラ
beef innards soup

牛の腸、肝臓、脳、胃などと春雨が入った、ココナツミルクを使っていないスープ。（マドゥラ島）

ココナツミルク飯
nasi uduk
ナスィ ウドゥッ
coconut milk rice

お米をココナツミルクで炊いたもの。ご飯にコクがでて、やみつきになる味。（ジャワ）

パダン料理

Masakan Padang
マサカン　パダン
Padang Cuisine

これは何ですか？
Ini apa?
イニ　アパ
What's this?

辛くない料理はどれですか？
Mana yang tidak pedas?
マナ　ヤン　ティダッ　プダス
Which food isn't spicy?

肉料理
masakan daging　マサカン　ダギン
Meat Dishes

スマトラ島パダン地方の料理。スパイスとココナツミルクをたっぷり使った辛い料理が多い。注文方法もユニーク（右頁コラム）。

牛肉のスパイシー煮
rendang sapi
ルンダン　サピ
spicy boiled beef

牛肉をスパイスとココナツミルクで長時間煮込んだパダン料理の代表料理。スパイスの香りが食欲をそそる。煮込まれた牛肉はやわらかくて食べやすいが、とても辛い。

ヤギのカレー風味スープ
gulai kambing
グライ　カンビン
goat curry soup

スパイスとココナツミルクで煮込んだカレー風味のヤギ肉のスープ。スパイスの利いたこってりスープはヤギ肉との相性抜群だ。スープをご飯にかけて食べると絶品。

鶏レバーの煮込み
hati ayam
ハティ　アヤム
stewed chicken liver

鶏のレバー、砂肝などの内臓をスパイスで煮込んだ料理。濃厚な味わいで、ご飯によく合う。

鶏肉のカレー
kari ayam
カリ　アヤム
chicken curry

スパイスとココナツミルクで鶏肉を煮たカレー。日本のカレーとは異なり、さらっとしたスープ状。

パダン風串焼き
sate padang
サテ　パダン
Padang kebabs

牛の内臓を香辛料入りのスープで煮てから焼いた串焼き。とろみのあるスパイシーなタレで食べる。

魚、野菜、卵料理

masakan ikan, sayuran, telur マサカン イカン サユラン トゥルル
Fish, Vegetable, Egg Dishes

日本ではあまりお目にかからないナマズなど珍しい素材もある。独特の調理法によって、なじみ深い料理も全く異なる味わい。

魚のピリ辛酸味ソース煮
ikan asam pedas
イカン アサム プダス
boiled spicy and sour fish

白身魚をスパイスと酸味のあるタマリンドの実で煮付けた料理。辛いがさっぱりとした味わい。

ナマズのから揚げ
lele goreng
レレ ゴレン
deep-fried catfish

小さなナマズの姿揚げ。丸ごと真っ黒に揚げてある姿は強烈だが、味はあっさりしていておいしい。

ウナギのから揚げ
belut goreng
ブルッ ゴレン
deep-fried eel

小ぶりなウナギのから揚げ。数本のウナギを束ねて揚げてある。カリッと香ばしくツマミにぴったり。

インドネシア風コロッケ
perkedel
プルクデル
Indonesian croquette

パン粉は付けずに、コロッケの中身をそのままフライパンで揚げて食べる。

ゆで卵の辛味ソース煮
telur bumbu
トゥルル ブンブ
boiled egg in spicy sauce

ゆで玉子を塩水に浸した後、油で揚げ、スパイスで煮込んだ辛い味付き卵。

ナスの油炒め
terong goreng
テロン ゴレン
oil-sautéed eggplant

スパイスが苦手な人にもおすすめの、淡白でしっとりした味わいの一品。

茹でたキャッサバの葉
daun singkong
ダウン スィンコン
boiled cassava leaves

パダン料理に欠かせない付合せ。たいてい無料で盛ってくれる。

❁ ひとくちコラム
パダン料理の食べ方
まず席に着くと、注文もしないうちにご飯が盛られた大皿とおかずが一品ずつ入った十数種類もの小皿がテーブル一杯に並べられる。珍しさにすべての皿に手をつけたくなるが、パダン料理は食べた分のみ支払うシステム。肉、魚、卵、テンペなどは1皿に2つずつ入っており、1つだけ食べた場合は1つ分のみ、野菜や煮込み料理は、手を付けた皿は1皿分の支払いとなる。
　インドネシア人は右手でご飯とおかずを上手につまんで食べるが、備え付けのスプーンやフォークを使ってもよい。店によっては、大皿に盛られた料理から自分でおかずを選んで盛り付けてもらうこともできる。

★バリでは左手は不浄の手とされているため、左手を使って食事をするのはタブー。

デザート、フルーツ

Deser, Buah-buahan
デセル、ブアブアハン
Dessert, Fruit

デザートメニューをください
Minta menu Puncuci mulu.
ミンタ　メヌ　プンチュチ　ムルー
Could I have a dessert menu, please?

食べ方を教えてください
Tolong kasih tahu cara makannya.
トロン　カスィ　タウ　チャラ　マカンニャ
Could you show me how to eat this?

デザート
deser デセル
Dessert

南国インドネシアならではのトロピカルフルーツをふんだんに使ったデザート。冷たいものはもちろん、温かいデザートも絶品。

ミックスかき氷
es campur
エス　チャンプル
mixed ice

カットフルーツ、豆、各種ゼリーなどが入ったかき氷。鮮やかな色のシロップや練乳をかけて食べる。

フルーツかき氷
es teler
エス　テレル
fruit ice

アボカド、ジャックフルーツ、ココナツの果肉にシロップとココナツミルクを加えた具だくさんのかき氷。

粒状の緑餅入りかき氷
es cendol
エス　チェンドル
crushed green rice jelly ice

緑色の細かい餅（チェンドル）は、ういろうのような食感。ココナツミルクとヤシ砂糖入りの甘い飲み物。

バナナの天ぷら
pisang goreng
ピサン　ゴレン
deep-fried banana

インドネシアには様々な種類のバナナがある。衣をつけてヤシ油で揚げたバナナは、定番のおやつ。

黒餅米の甘いお粥
bubur ketan hitam
ブブル　クタン　ヒタム
sweet black rice pudding

黒餅米をヤシ砂糖とココナツミルクで煮込んだ甘いぜんざい風のお粥。練乳をかけて食べることもある。

緑豆のぜんざい
bubur kacang hijau
ブブル　カチャン　ヒジョォ
green bean soup

緑豆をココナツミルクで甘く煮たぜんざい風の温かいデザート。小粒の緑豆は小豆とは違った食感。

果物
buah-buahan ブアブアハン
Fruit

むいてください
Tolong dikupas.
トロン ディクパス
Could you peel it for me?

サラック
salak
サラッ
salak

ヘビ皮のような外見だが、クリーム色の実は甘酸っぱくサクサクしている。1年中あるが12〜3月が旬。

スターフルーツ
belimbing
ブリンビン
star fruit

輪切りにすると星形になる。みずみずしくて、甘酸っぱくシャキシャキした食感。1年中食べられる。

ジャックフルーツ
nangka
ナンカ
jack fruit

独特の香りと甘さが特徴。1年中楽しめるのもうれしい。人気のドライチップスはおみやげの定番。

パッションフルーツ
markisa
マルキサ
passion fruit

ゼリー状の半透明な果肉。種は噛むと酸っぱいので上手に出すか噛まずに食べる。1年中楽しめる。

ランブータン
rambutan
ランブタン
rambutan

毛が生えた赤い実の中身は、ジューシーであっさりした甘さの白い果肉。12〜3月の雨期が旬。

使える!ワードバンク　果物編

ドリアン	durian	ドゥリアン
マンゴー	mangga	マンガ
パパイヤ	pepaya	プパヤ
マンゴスチン	manggis	マンギス
グァバ	jambu	ジャンブ
スイカ	semangka	スマンカ
メロン	melon	メロン
パイナップル	nanas	ナナス
ウォーターアップル	jambu air	ジャンブ アイル
バナナ	pisang	ピサン
サウォ	sawo	サウォ
シルサック	sirsak	スィルサッ

菓子
kue クエ
Sweets

手軽なおやつとして人気の高い菓子は、安くて種類も豊富。スーパーの食料品売り場や市場で買うことができる。

パンダン団子ココナッツ添え
klepon
クレポン
klepon

ごま団子
onde-onde
オンデオンデ
sesame balls

ういろう風練り菓子
dodol
ドドル
dodol

バームクーヘン
lapis legit
ラピス ルギッ
baum cake

飲み物、お酒
Minuman dan, Minuman Keras
ミヌマン ダン、ミヌマン クラス
Drinks, Alcohol

○○ジュースをください（➡P42 フルーツ）
Minta jus ○○.
ミンタ ジュス ○○
I'll have ○○ juice, please.

氷は入れないでください
Tidak pakai es.
ティダッ パカイ エス
No ice, please.

ソフトドリンク
minuman ringan ミヌマン リガン
Soft Drinks

砂糖	ミルク
gula	**susu**
グラ	スス
sugar	milk

ココナツの実ジュース
es kelapa muda
エス クラパ ムダ
coconut juice

果汁に砂糖を混ぜ合わせ、果肉を加えたジュース。ココナツの実を容器に使って出すところもある。

アボカドジュース
jus alpukat
ジュス アルプカッ
avocado juice

アボカドの果実のフレッシュジュース。黒砂糖シロップがかかっている。とろりと濃厚な味。

ピンクシロップと練乳のソーダ割り
es kelapa muda
エス クラパ ムダ
gembira soda

鮮やかなピンク色のシロップと練乳のコントラストが華やか。底に沈んでいる練乳を溶かしながら飲む。

みかんジュース
es jeruk
エス ジュルッ
mikan juice

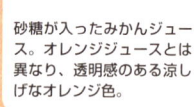

砂糖が入ったみかんジュース。オレンジジュースとは異なり、透明感のある涼しげなオレンジ色。

バリコーヒー ★
kopi bali
コピ バリ
Bali coffee

カップに細かく挽いたコーヒー豆を入れてお湯を注ぎ、よく混ぜてから上澄みを飲むインドネシア式コーヒー。

砂糖入りボトルティー
teh botol
テ ボトル
bottled tea

バリで最もポピュラーなボトル入りの甘いジャスミンティー。独特な味わいとクセになる甘さが人気。

★砂糖やミルクを入れる場合は、コーヒーの粉と一緒に入れて、よくかき混ぜて粉が底に沈殿してから上澄みを飲む。

もう1杯（1本）ください
Minta segelas (sebotol) lagi.
ミンタ　スグラス（スボトル）　ラギ
One more, please.

冷えているものをください
Minta yang dingin.
ミンタ　ヤン　ディギン
Could I have something cold?

ひとくちコラム
南国だからこそ？
バリの飲み物はアイスもホットもとにかく甘い。コーラなどのソフトドリンク類も、インドネシア向けに生産されたものは甘さもケタ違い。しかも、現地では常温で飲む人も多いため、さらに甘く感じる。注文時は冷えているものを頼むとよい。特に屋台では、ジュースはもちろん、コーヒー、紅茶にもあらかじめたっぷり砂糖が入っている。甘いものが苦手なら、注文時に砂糖の有無をはっきり伝えよう。

アルコール
minuman keras ミヌマン　クラス
Alcohol

バリ島では宗教上の理由からアルコールを飲まない人も多いので、無理にすすめてはいけない。旅行者もハメをはずさないように。

ビール
bir
ビル
beer

国産ビールでは軽い飲み口のビンタンBintangが人気。他にもアンカー Anker、バリハイBali Haiがある。

トゥアック（ヤシの発酵酒）
tuak
トゥアッ
tuak

ヤシの樹液を発酵させた酒。白濁色でほのかな甘さと酸味があり、アルコール度数は低い。

ブレム（ライスワイン）
brem
ブルム
brem

蒸した餅米に麹を加えて発酵させた醸造酒。黒餅米のブレムは紫色。アルコール度数は低い。

アラック（ヤシの蒸留酒）
arak
アラッ
arak

トゥアックを蒸留して作るスピリッツ。無色透明で、アルコール度数は40度などかなり高い。

使える！ワードバンク　〈飲み物編〉

コーヒー	kopi	コピ
ブラックコーヒー	kopi pahit	コピ　パヒッ
練乳入りコーヒー	kopi susu	コピ　スス
アイスコーヒー	es kopi	エス　コピ
インスタントコーヒー	kopi instan	コピ　インスタン
砂糖入りティー	teh manis	テ　マニス
ストレートティー	teh tawar	テ　タワル
砂糖入りアイスティー	es teh manis	エス　テ　マニス
ストレートアイスティー	es teh tawar	エス　テ　タワル
ジャスミン茶	teh melati	テ　ムラティ
緑茶	teh hijau	テ　ヒジョオ
ボトル入り飲料水	aqua	アクア
飲み水	air putih	アイル　プティ
お湯	air panas	アイル　パナス
オレンジジュース	jus jeruk	ジュス　ジュルッ
コーラ	coca cola	コカ　コラ
ワイン	anggur	アングル
ウイスキー	wiski	ウィスキ
ブランデー	brendi	ブレンディ
日本酒	sake	サケ

味付け、味覚

Bumbu, dan Rasa
ブンブ、ダン ラサ
Seasonings, Flavours

○○をください
Minta ○○.
ミンタ ○○
Could I have some ○○, please?

砂糖
gula
グラ
sugar

塩
garam
ガラム
salt

コショウ
lada
ラダ
pepper

醤油
kecap asin
ケチャッ（プ）アスィン
soy sauce

甘口醤油
kecap manis
ケチャッ（プ）マニス
sweet soy sauce

マヨネーズ
mayones
マヨネス
mayonnaise

酢
cuka
チュカ
vinegar

トマトケチャップ
saus tomat
サウス トマッ
ketchup

バター
mentega
ムンテガ
butter

ココナツミルク
santan
サンタン
coconut milk

油
minyak
ミニャッ
oil

トウガラシ
cabe
チャベ
pepper

ガーリック
bawang putih
バワン プティ
garlic

ショウガ
jahe
ジャヘ
ginger

ゴマ
wijen
ウィジェン
sesame

シナモン
kayu manis
カユ マニス
cinnamon

小エビのペースト
terasi
トゥラスィ
shrimp paste

サンバル
sambal
sambal

トウガラシ、ニンニク、トゥラシ（小エビのペースト）などのスパイスをすりつぶして作るサンバルは、インドネシア人の食生活には欠かすことのできない辛味調味料。揚げ物から汁物まで何でもサンバルをつけて食べる。ファストフード店でもポテト1人前にサンバルの小袋が3つ付くほどのサンバル好き。各家庭やレストランによって、使われているスパイスの種類や配合は様々で、menyambal（サンバルを作る）という単語があるほど生活に根付いている。

エシャロット
bawang merah
バワン メラ
shallot

ターメリック
kunyit
クニッ
turmeric

辛いものは食べられますか？
Bisa makan yang pedas-pedas?
ビサ マカン ヤン プダスプダス
Can you eat spicy food?

はい
Ya.
ヤ
Yes.

あまり辛くしないでください
Jangan terlalu pedas.
ジャガン トゥルラル プダス
Not too spicy, please.

しょっぱい **asin** アスィン salty	酸っぱい **asam** アサム sour	苦い **pahit** パヒッ bitter
甘酸っぱい **asam-asam manis** アサムアサム マニス sweet and sour	脂っこい **berlemak** ブルルマッ fatty	生焼け **setengah matang** ストゥガ マタン rare/raw
腐った **basi** バスィ spoiled	かたい **keras** クラス hard	やわらかい **empuk** ンプッ soft

味はどうですか？
Bagaimana rasanya?
バゲマナ ラサニャ
How does it taste?

とてもおいしいです
Enak sekali.
エナッ スカリ
It tastes great.

甘すぎます
Terlalu manis.
トゥルラル マニス
A bit too sweet.

辛味が足りません
Kurang pedas.
クラン プダス
It could be spicier.

サンバルをください
Minta sambal.
ミンタ サンバル
Could I have some sambal?

フードコートで食べよう
Makan di Pusat Hidangan
マカン ディ プサッ ヒダガン
Food Court

◯◯はどこにありますか？
Di mana ada ◯◯?
ディ マナ アダ ◯◯
Where is the ◯◯?

あそこです
Di sana.
ディ サナ
Over there.

この席は空いていますか？
Tempat duduk ini kosong?
トゥンパッ ドゥドゥッ イニ コソン
Is this seat free?

はい、どうぞ
Ya, silakan.
ヤ スィラカン
Yes it is.

いいえ
Tidak.
ティダッ
No it isn't.

インドネシア料理	**masakan Indonesia**	マサカン インドネスィア	Indonesian Cuisine
中国料理	**masakan China**	マサカン チナ	Chinese Cuisine
日本料理	**masakan Jepang**	マサカン ジュパン	Japanese Cuisine
麺	**mie**	ミ	noodles
ファストフード	**makanan cepat saji**	マカナン チュパッ サジ	fast food
パン	**roti**	ロティ	bread
ハンバーガー	**burger**	ブルグル	hamburger
フライドポテト	**kentang goreng**	クンタン ゴレン	french fries
サンドイッチ	**sandwich**	センウィッ	sandwich
飲み物	**minuman**	ミヌマン	drinks
デザート	**deser**	デセル	dessert
アイスクリーム	**es krim**	エス クリム	ice cream
飲み水	**air putih**	アイル プティ	drinking water
ストロー	**sedotan**	スドタン	straw
ティッシュ	**tisu**	ティス	tissue
ライター	**korek**	コレッ	lighter
洗面台	**wastafel**	ワスタフェル	sink
禁煙エリア	**kawasan bebas rokok**	カワサン ベバス ロコッ	non-smoking area
灰皿	**asbak**	アスバッ	ashtray

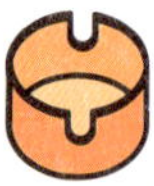

これとそれをください
Minta ini dan itu.
ミンタ イニ ダン イトゥ
I'll take this and that, please.

支払い伝票です
Ini bonnya.
イニ ボンニャ
Here is my receipt.

お支払いはレジでお願いします
Bayarnya di kasir.
バヤルニャ ディ カスィル
Please pay at the register.

はい。ご注文の品です
Ya, ini pesanannya.
ヤ イニ プサナンニャ
Okay, here's your order.

Mie Jakarta

AYAM GORENG RP 5,500,-	BAKSO RP 4,500,-	BATAGOR RP 4,500,-
GADO-GADO RP 5,000,-	SOTO AYAM RP 4,500,-	BAKSO RP 4,500,-

お席までお届けします
Nanti saya antar ke meja.
ナンティ サヤ アンタル ク メジャ
We'll bring it to your table.

ここです。
Di sini.
ディ スィニ
Right here.

クレープ
crepe
クレッ(プ)
crepe

ピザ
pizza
ピッツァ
pizza

ここでタバコを吸ってもいいですか？
Boleh merokok di sini?
ボレ ムロコッ ディ スィニ
May I smoke here?

いいです
Boleh.
ボレ
Go ahead.

ダメです
Tidak boleh.
ティダッ ボレ
Sorry, no.

🌸 ひとくちコラム
フードコートの利用方法

フードコートはショッピングセンターやデパート内にあることが多い。いくつもの店が１カ所に集まっており、中央にある全店共通のテーブルに自由に座って食べるスタイル。インドネシア料理がメインだが、和食や中華、洋食、デザートもある。

店先で注文後、注文伝票を持って総合レジで支払い、支払伝票と交換に料理を受け取るスタイルが一般的。しかし、場所によっては店ごとに支払うスタイルもあるので確認しよう。基本的に料理は自分で席まで運ぶが、調理に時間がかかる場合は席まで届けてくれる。食べ終わったら食器はそのままテーブルの上に置きっ放しにして退席すればよい。日本でおなじみのファストフードチェーン店もある。

簡易食堂、屋台で食べよう
Makan di Warung dan Kaki Lima
マカン ディ ワルン ダン カキ リマ
Diners, Food Carts

ここで食べます ★
Mau makan di sini.
マウ マカン ディ スィニ
I'll eat here.

持ち帰ります
Mau dibungkus.
マウ ディブンクス
I'll have it to go.

減らしてください
Tolong kurangi.
トロン クランギ
A little less, please.

汁もかけてください
Tolong pakai kuah.
トロン パカイ クア
I'd like some sauce, please.

足してください
Tolong tambah.
トロン タンバ
Split it, please.

サンバルはいりますか？
Pakai sambal?
パカイ サンバル
Would you like some sambal?

いります
Ya, pakai.
ヤ パカイ
Yes, please.

いりません
Tidak pakai.
ティダッ パカイ
No, thank you.

簡易食堂 warung ワルン Diner

- 野菜スープ **sop sayur** ソプ サユル vegetable soup
- ビーフン炒め **bihun goreng** ビフン ゴレン bihun goreng
- テンペの揚げ煮 **tempe bacem** テンペ バチュム tempe bacem
- 魚のから揚げ **ikan goreng** イカン ゴレン deep-fried fish
- 空芯菜炒め **kangkung vtumis** カンクン トゥミス kangkung tumis
- 揚げエビ **udang goreng** ウダン ゴレン fried shrimp
- 野菜のココナツミルク煮 **sayur lodeh** サユル ロデッ stewed vegetables in coconut milk
- 豚肉の角煮風 **babi kecap** バビ ケチャップ(プ) stewed pork

簡易食堂での食事の仕方
①店に入り「ここで食べます」と伝える。
②店の人が皿にご飯を盛るので、ショーケースの中から食べたいおかずを指差して選ぶ（メニュー表はない）。ご飯、おかずの量は加減でき、同じ皿に載せるのが普通。スープもご飯にかける。ご飯がべちゃべちゃになるのがいやなら、「汁はいりません」(Tidak pakai kuah. ティダッ パカイ クア)と事前に伝えよう。
③飲み物は紅茶かみかんジュースなどを用意していることが多い。（→P44　飲み物）
④食べ終わったら値段を聞いてお金を払う。

★お客の多い屋台を探し、よく火の通った料理や瓶入りのドリンクを選ぼう。手で食べる時は、kobokan（コボカン）とよばれるフィンガーボールで食べる前後に指を洗う。

露天商
kaki lima
カキ　リマ
food stand

バナナの天ぷら
pisang goreng
ピサン　ゴレン
deep-fried banana

揚げ豆腐
tahu goreng
タフ　ゴレン
fried tofu

揚げキャッサバイモ
singkong goreng
スィンコン　ゴレン
fried cassava

鶏肉入りラーメン
mie ayam
ミ　アヤム
chicken ramen

中国麺に、甘く煮た鶏肉をのせたもの。あっさり味のスープは少なめ。

肉団子スープ
bakso
バッソ
meat cake soup

魚肉などのつみれやワンタン、厚揚げなどが入ったスープ。夕方の軽食。

インドネシア風お好み焼き
martabak
マルタバッ
martabak

ネギ、玉ネギ、ニンジン、卵を小麦粉の生地で包んで、油で焼き揚げたもの。

厚焼きパンケーキ
terang bulan
トゥラン　ブラン
terang bulan

パンケーキにチョコレート、チーズ、マーガリンなどを挟んだ焼き菓子。

茹でピーナツ
kacang rebus
カチャン　ルブス
boiled peanuts

しんなり感があり、薄塩味。1,000ルピア単位で買うことができる。

ミニおかずのせご飯
nasi jinggo
ナスィ　ジンゴ
nasi jinggo

少量のご飯と数種類のおかずをバナナの葉で包んだもの。夕方に出回る。

肉まん／あんまん
bakpao
バッパオ
steamed bun

日本の肉まんにそっくり。中身は小豆、緑豆、鶏肉、豚肉、野菜など。

🌸 ひとくちコラム
屋台
「屋台」には数種類あり、ひとつはwarung（ワルン）とよばれるものだ。家庭料理風の惣菜などを作りおきしている簡易食堂タイプと、夕方になると道端にテントを張って店を出すタイプがある。夜になると、クタのナイトマーケットやサヌールのパサール・シンドゥにはたくさんのwarungが出て、地元客や観光客で賑わう。一方、移動して販売する屋台はkaki lima（カキ　リマ）とよばれ、軽食やお菓子、果物などを売り歩く。いずれもバリ人の食生活に欠かせない存在となっている。

はじめよう｜歩こう｜**食べよう**｜買おう｜極めよう｜伝えよう｜日本の紹介

買おう

ショッピングセンターやスーパーにもユニークなグッズがいっぱい。伝統衣装を買うなら市場で値段交渉を！

バリの正装は、kebaya（クバヤ）というジャケット風上着にkain panjang（カイン パンジャン）という腰布をまいて、帯selendang（スレンダン）を腰に結ぶスタイル。

華やか!!

これ、着てみたい!!

クバヤは、大抵オーダーメイドするものだそうで——

デンパサール、スラウェシ通りの布問屋街に行く

同じような店が並んで迷う〜

種類も豊富！値段もピンキリ!!

Berapa harganya? ブラパ ハルガニャ？（いくらですか）

Boleh dicoba? ボレ ディチョバ？（試していい）

とにかくトライ！

腰布用の布もコーディネート。

あっ、これ高!! 予算オーバー!

んー地味じゃない?

Bagus! バグース! (いいよ)

帯とインナーも選ばなくっちゃ!!

インナーはチューブトップ

あれこれ

で、布を購入したら

Terima kasih. トゥリマ カスィ (ありがとう)

布屋さんで紹介してもらえる

縫製屋さんへ。

おねがいします

採寸をしてもらい、布を預ける。

オーダーメイドはだいたい1〜2日で出来上がり。

腰布 → キュッ → ギュゥ コルセット → インナー → グシャ

帯を結んだら完成!!

コーディネートを考えるのも楽しい自分のための一着。

買い物をしよう
Berbelanja
ブルブランジャ
Shopping

何かお探しですか？
Bisa saya bantu?
ビサ サヤ バントゥ
What are you looking for today?

まずは見せてください
Mau lihat-lihat dulu.
マウ リハッリハッ ドゥル
I'm just looking right now.

これはいくらですか？
Ini berapa harganya?
イニ ブラパ ハルガニャ
How much is this?

○○を探しています
Saya mau cari ○○.
サヤ マウ チャリ ○○
I'm looking for ○○.

日本語	インドネシア語	カナ	英語
おみやげ	**oleh-oleh**	オレオレ	souvenir
バリの特産品	**barang khas Bali**	バラン カス バリ	Balinese goods
アンティーク製品	**barang antik**	バラン アンティッ	antiques
正装の民族衣装	**pakaian adat**	パケアン アダッ	traditional clothes

これにします
Saya ambil yang ini.
サヤ アンビル ヤン イニ
I'll take this.

これはいりません
Yang ini tidak mau.
ヤン イニ ティダッ マウ
I don't need this.

使える！ワードバンク 〈店の種類編〉

日本語	インドネシア語	カナ
美容院	**salon kecantikan**	サロン クチャンティカン
薬局	**apotek**	アポテッ
書店	**toko buku**	トコ ブク
CDショップ	**toko CD**	トコ スィディ
家具店	**toko mebel**	トコ メブル
日用品店	**toko kelontong**	トコ クロントン
洋服店	**toko pakaian**	トコ パケアン
仕立て店	**tukang jahit**	トゥカン ジャヒッ
靴店	**toko sepatu**	トコ スパトゥ
貴金属店	**toko emas**	トコ ウマス
写真店	**studio foto**	ストゥディオ フォト

デパート
toserba
トスルバ
department store

物売り
pedagang asong
ブダガン アソガン
seller

市場
pasar
パサル
market

簡易食堂 ★
warung
ワルン
street stall

★warungには「簡易食堂」と日用雑貨、駄菓子などを売る「小売店」の2種類のタイプがある。

円をルピアに両替してください ★★
Tolong tukar uang yen dengan rupiah.
トロン トゥカル ウアン イェン ドゥガン ルピア
I'd like to exchange some yen for rupiah.

米ドル
dolar AS
ドラル アーエス
American dollars

円のレートはいくらですか？
Kurs yennya berapa?
クルス イェンニャ ブラパ
What is the exchange rate?

ここに書いてください
Tolong tulis di sini.
トロン トゥリス ディ スィニ
Could you write it here for me?

（札を渡して）小銭にしてください
Tolong tukar dengan uang kecil.
トロン トゥカル ドゥガン ウアン クチル
Could you give me something smaller?

1,000ルピア札
uang seribuan
ウアン スリブアン
thousand rupiah bill

計算が違っているようです
Rupanya salah hitung.
ルパニャ サラ ヒトゥン
I think the calculation is incorrect.

やめます
Tidak jadi.
ティダッ ジャディ
No, thanks.

● 店の種類

免税店
toko bebas bea
トコ ベバス ベア
duty free shop

店
toko
トコ
shop

みやげ物店
toko suvenir
トコ スーフェニル
souvenir shop

ATM
ATM
アーテーエム
ATM

両替所
money changer
マニ チェンジェル
money changer

スーパーマーケット
pasar swalayan
パサル スワラヤン
supermarket

★★一度に高額な両替はせずこまめに。店を離れる前に必ずその場で金額が合っているか確認しよう。

伝統工芸品を買おう

Membeli Hasil Kerajinan Tradisional
ムンブリ ハスィル クラジナン トラディスィオナル
Buying Traditional Art

人気のあるおみやげはどれですか？
Oleh-oleh mana yang laris?
オレオレ マナ ヤン ラリス
What souvenirs are popular?

これはいかがですか？
Kalau yang ini, bagaimana?
カロゥ ヤン イニ バゲマナ
How is this?

いいですね
Boleh juga.
ボレ ジュガ
That's very nice.

ほかにありますか？
Ada yang lain?
アダ ヤン ライン
Do you have anything else?

布
kain
カイン
cloth

バティック
batik
バティッ
batik

ろうけつ染めの更紗で、柄は幾何学模様や花鳥模様など様々。ジャワ更紗ともよばれ、本場はジャワ島。プリント、型押しは手軽に買えるが、手描きは高級品。

イカット
ikat
イカッ
ikat

紡いだ糸を模様に合わせて染めてから手織りした絣織。模様は幾何学模様、人、動物など、イカットを伝えてきた家や地域によって異なる。主産地はギャニャール。

ソンケット
songket
ソンケッ
songket

赤、黄など多色の絹糸をベースに金糸、銀糸で花模様やボーダー柄を織り込んだ豪華でカラフルな布。儀礼の際に使用される。産地はトゥパティ、スマラプラなど。

グリンシン
gringsing
グリンスィン
gringsing

縦・横両方の糸を染めてから幾何学模様などを織り込んだダブルイカット。バリ先住民の村トゥガナンにのみ伝わる。完成までに長い時間が費やされ、大変高価。

★手作りのため、全く同じものがないバリの伝統工芸品。吟味して選ぼう。

産地はどこですか？
Buatan mana?
ブアタン　マナ
Where was this made?

ギャニャールです
Buatan Gianyar.
ブアタン　ギアニャル
In Gianyar.

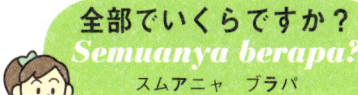

全部でいくらですか？
Semuanya berapa?
スムアニャ　ブラパ
How much for everything?

個別に包装してください
Tolong dibungkus terpisah.
トロン　ディブンクス　トゥルピサ
Could you wrap it all separately?

日本に送ってください
Tolong dikirim ke Jepang.
トロン　ディキリム　ク　ジュパン
Can you send this to Japan?

小分け用の袋をください
Minta tas kecil untuk dibagi-bagi.
ミンタ　タス　クチル　ウントゥッ　ディバギバギ
Could you cut it in smaller pieces?

木彫品
ukiran kayu
ウキラン　カユ
woodcarving

産地として名高いマス村で作られている木彫りの像はチーク、白檀などが素材で精巧な作り。猫の置物やバリの伝統的文様で縁取られた表札は手軽なおみやげ。

アタ製品
kerajinan ata
クラジナン　アタ
Ata goods

シダの一種である植物アタの茎を編みこんだ製品。ココナツで燻すため独特な香りがする。おしゃれで個性的なデザインのバッグは、どの服にも合わせやすい。

銀製品
kerajinan perak
クラジナン　ペラッ
silver goods

銀細工の産地といえばチェルッ。一つ一つ手作業で行う細かな装飾は一見の価値あり。涼やかな音色のガムランボールは種類も豊富。

竹工芸品
kerajinan bambu
クラジナン　バンブ
bamboo art

竹製の家具、室内装飾品などの竹工芸の多くはボナが産地。カランカランと涼しげな音を奏でる竹製の風鈴はおみやげとして大人気。

陶磁器
keramik
クラミッ
ceramics

素焼きが一般的だが、最近の人気はジンバランのJenggala Keramik。食器などの台所用品から日用品まで種類も豊富。

欲しいサイズ、アイテム、形を探そう

Mencari Ukuran, Barang, dan Bentuk
ムンチャリ ウクラン、バラン、ダン ブントゥッ
Finding the Right Size, Item, Style

試着してもいいですか？
Boleh dicoba?
ボレ ディチョバ
Can I try this on?

はい。どうぞこちらへ
Boleh, silakan ke sini.
ボレ スィラカン ク スィニ
Of course, come this way.

大きすぎます
Terlalu besar.
トゥルラル ブサル
It's too big.

ぴったりです
Pas.
パス
It's perfect.

もっと小さいのはありますか？
Ada yang lebih kecil?
アダ ヤン ルビ クチル
Do you have something smaller?

試着室
kamar pas
カマル パス
changing room

長い / **panjang** / パンジャン / long

短い / **pendek** / ペンデッ / short

ゆるい / **longgar** / ロンガル / loose

きつい / **ketat** / クタッ / tight

シャツ / **kemeja** / クメジャ / shirt

ジャケット / **jaket** / ジャケッ / jacket

下着 / **baju dalam** / バジュ ダラム / undershirt

Tシャツ / **kaus oblong** / カオス オブロン / t-shirt

ネクタイ / **dasi** / ダスィ / necktie

靴下 / **kaus kaki** / カオス カキ / socks

ズボン / **celana** / チュラナ / trousers

靴 / **sepatu** / スパトゥ / shoes

パンツ / **celana dalam** / チュラナ ダラム / underwear

ショートパンツ / **celana pendek** / チュラナ ペンデッ / shorts

ビーチサンダル / **sandal jepit** / サンダル ジュピッ / beach sandals

★メンズ商品のサイズの目安は服39〜40が日本のL、靴は40が日本の26cmにあたる。

●アクセサリー

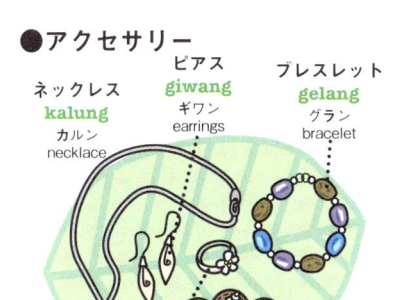

ネックレス kalung カルン necklace

ピアス giwang ギワン earrings

ブレスレット gelang グラン bracelet

指輪 cincin チンチン ring

バレッタ jepit rambut ジュピッ ランブッ barrette

使える！ワードバンク 〈コスメ編〉

化粧品	kosmetik	コスメティッ
香水	parfum	パルフム
口紅	lipstik	リッ（プ）スティッ
マニキュア	manikur	マニクル
化粧水	penyegar	プニュガル
乳液	pelembap	プルンバッ（プ）
日焼け止めクリーム	sun blok	サン ブロッ

使える！ワードバンク 〈アイテム編〉

金	emas	ウマス
銀	perak	ペラッ
サングラス	kacamata hitam	カチャマタ ヒタム
財布	dompet	ドンペッ
腕時計	jam tangan	ジャム タガン
ベルト	ikat pinggang	イカッ ピンガン
傘	payung	パユン

鏡はどこですか？
Kacanya di mana?
カチャニャ ディ マナ
Do you have a mirror?

素敵 **bagus** バグス wonderful	似合う **cocok** チョチョッ suit	派手な **mencolok** ムンチョロッ gaudy	地味な **kalem** カルム conservative

ブラウス blus ブルス blouse

水着 baju renang バジュ ルナン swim suit

ジーンズ celana jins チュラナ ジンス jeans

帽子 topi トピ hat

ワンピース rok terusan ロッ トゥルサン dress

スカート rok ロッ skirt

サンダル sandal サンダル sandals

スカーフ skarf スカルフ scarf

バッグ tas タス bag

★レディス商品のサイズの目安は服38が日本のM、靴は37が日本の23.5cmにあたる。

好きな色、柄、素材を伝えよう

Menyampaikan Warna, Corak, dan Bahan Kesukaan

ムニャンパイカン ワルナ、チョラッ、ダン バハン クスカアン

Colours, Patterns, Materials

○○色はありますか？
Ada yang warna ○○?
アダ ヤン ワルナ ○○
Do you have any ○○?

あります
Ada.
アダ
Yes, we do.

ありません
Tidak ada.
ティダッ アダ
No, we don't.

これは私の好みではありません
Ini bukan selera saya.
イニ ブカン スレラ サヤ
I don't really like this.

品切れです
Sudah habis.
スダ ハビス
We're sold out.

気に入りました
Saya suka ini.
サヤ スカ イニ
I like this.

明るい色
warna terang
ワルナ トゥラン
bright colour

暗い色
warna gelap
ワルナ グラッ(プ)
dark colour

濃い色
warna tua
ワルナ トゥア
deep colour

淡い色
warna muda
ワルナ ムダ
pale colour

カラフル
berwarna-warni
ブルワルナワルニ
colourful

ピンク **merah muda** メラ ムダ pink

オレンジ **oranye** オラニュ orange

緑 **hijau** ヒジョウ green

黄色 **kuning** クニン yellow

白 **putih** プティ white

茶色 **cokelat** チョクラッ brown

赤 **merah** メラ red

ベージュ **cokelat muda** チョクラッ ムダ beige

グレー **abu-abu** アブアブ grey

水色 **biru muda** ビル ムダ light blue

青 **biru** ビル blue

黒 **hitam** ヒタム black

紫 **ungu** ウグ purple

60

素材は何ですか？
Bahannya apa?
バハンニャ アパ
What material is this?

木綿です
Dari katun.
ダリ カトゥン
It's cotton.

シルクでできたものはありますか？
Ada yang dari sutera?
アダ ヤン ダリ ストゥラ
Do you have any silk?

麻 **rami** ラミ hemp	ウール **wol** ウォル wool	ナイロン **nilon** ニロン nylon	ポリエステル **poliester** ポリエストゥル polyester
ビニール **plastik** プラスティッ vinyl	牛革 **kulit sapi** クリッ サピ leather	ヘビ革 **kulit ular** クリッ ウラル snake skin	合成皮革 **kulit sintetis** クリッ スィンテティス composite leather

ほかの柄はありますか？
Ada motif lain?
アダ モティフ ライン
Do you have any other patterns?

素材 **bahan** バハン material

色 **warna** ワルナ colour	サイズ **ukuran** ウクラン size	スタイル **model** モデル style
無地 **polos** ポロス solid colour	チェック **kotak-kotak** コタッコタッ checked	水玉 **bintik-bintik** ビンティッビンティッ polka dotted
ストライプ **garis-garis** ガリスガリス striped	花柄 **motif kembang** モティフ クンバン floral	
伝統柄 **motif tradisional** モティフ トラディスィオナル traditional pattern		

🌼 ひとくちコラム

買う前にチェックしよう！
サイズや色を伝えて店員に探してもらう場合、店員が用意した品とこちらが伝えた色やサイズが異なる場合が多々ある。特に柄を探す場合は要注意。同じ柄ではなく似たような違う柄を用意されることも多いので、必ず広げてチェックしよう。サイズを確認するには試着するのが一番。また、新品でも開けてみたら汚れやほつれがありがっかりすることもある。後悔のないように、買う前にきちんと確認しよう。

ショッピングセンターへ行こう

Pergi ke Mal
プルギ ク モル
Shopping Centre

○○売り場は何階ですか？
Tempat jual ○○ di lantai berapa?
トゥンパッ ジュアル ○○ ディ ランタイ ブラパ
Where can I buy ○○?

○階です（→P86 数字）
Lantai ○.
ランタイ ○
On the ○○th floor

地下1階
lantai bawah tanah
ランタイ バワ タナ
first floor basement

クレジットカードは使えますか？
Bisa pakai kartu kredit?
ビサ パカイ カルトゥ クレディッ
Can I use a credit card?

使えます — **Bisa.** ビサ — Yes, you can.
使えません — **Tidak bisa.** ティダッ ビサ — No, you can't.

現金 **tunai** トゥナイ money	地図 **peta** プタ map
	領収書 **kuitansi** クイタンスィ receipt

サイン **tanda tangan** タンダ タガン signature	おつり **uang kembalian** ウアン クンバリアン change	手提げビニール袋 **tas plastik** タス プラスティック plastic carrying bag
定価 **harga pas** ハルガ パス price	セール **obral** オブラル sale	10%割引 **diskon sepuluh persen** ディスコン スプル プルセン ten percent discount

ひとくちコラム
ビデオCDってなぁに？
インドネシアではCDメディアにビデオを録画したビデオCD（VCD）が一般的。DVDに比べて値段は安いが容量は小さい。日本ではVCD対応のDVDデッキ、またはパソコンに搭載のメディア用プレイヤーで再生することができる。

見本 **contoh** チョント sample	品物 **barang** バラン merchandise

使える！ワードバンク 日用品編
- ブランド品 **barang bermerek** バラン ブルメレッ
- 文房具 **alat tulis** アラッ トゥリス
- おもちゃ **mainan** マイナン
- 台所用品 **alat-alat dapur** アラッアラッ ダプル
- 食器 **alat-alat makan** アラッアラッ マカン
- 家具 **perabot rumah** プラボッ ルマ
- インテリア **interior** イントゥリオル

使える！ワードバンク 書籍・CD編
- 本 **buku** ブク
- 雑誌 **majalah** マジャラ
- 漫画 **komik** コミッ
- 新聞 **koran** コラン
- 絵本 **buku bergambar** ブク ブルガンバル
- 辞書 **kamus** カムス
- 音楽CD **CD musik** スィディ ムスィッ

★インドネシアのDVDは日本と記録方式が異なるため日本のデッキでは再生できないので要注意。

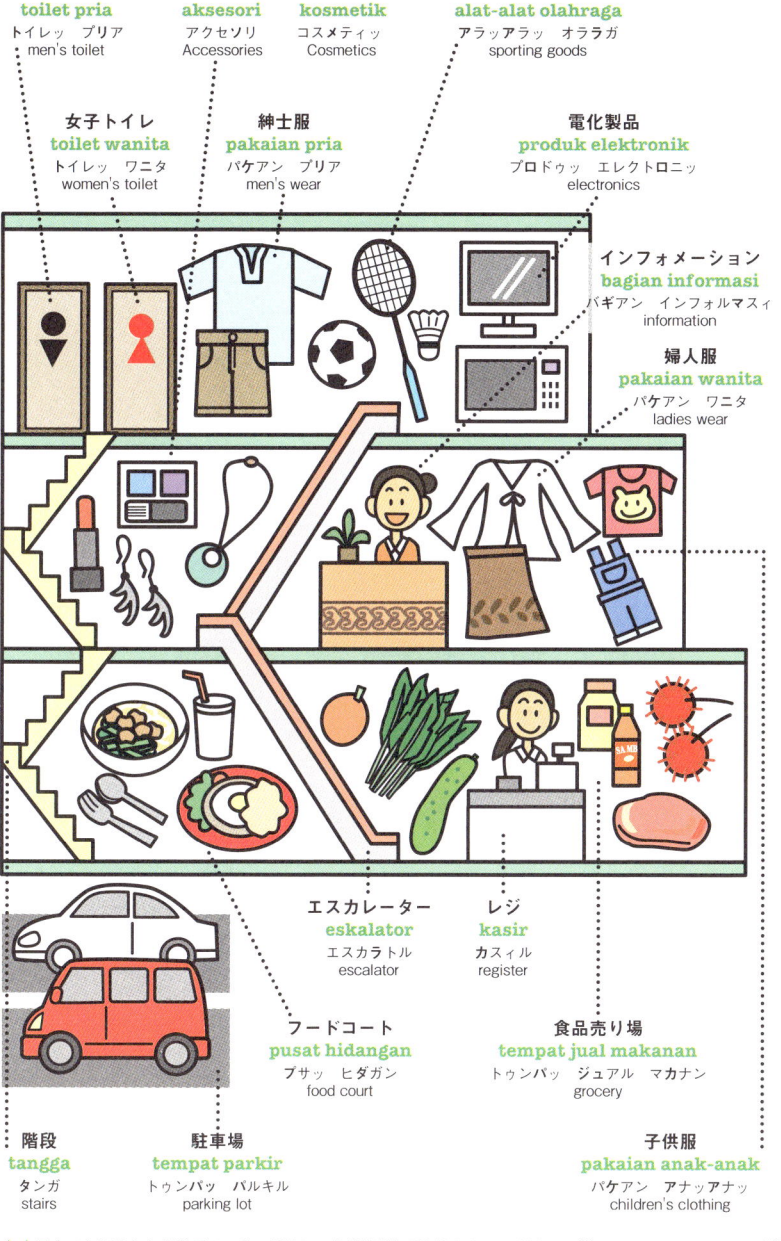

男子トイレ
toilet pria
トイレッ プリア
men's toilet

アクセサリー・化粧品 ★★
aksesori　　**kosmetik**
アクセソリ　　コスメティッ
Accessories　　Cosmetics

スポーツ用品
alat-alat olahraga
アラッアラッ オララガ
sporting goods

女子トイレ
toilet wanita
トイレッ ワニタ
women's toilet

紳士服
pakaian pria
パケアン プリア
men's wear

電化製品
produk elektronik
プロドゥッ エレクトロニッ
electronics

インフォメーション
bagian informasi
バギアン インフォルマスィ
information

婦人服
pakaian wanita
パケアン ワニタ
ladies wear

エスカレーター
eskalator
エスカラトル
escalator

レジ
kasir
カスィル
register

フードコート
pusat hidangan
プサッ ヒダガン
food court

食品売り場
tempat jual makanan
トゥンパッ ジュアル マカナン
grocery

階段
tangga
タンガ
stairs

駐車場
tempat parkir
トゥンパッ パルキル
parking lot

子供服
pakaian anak-anak
パケアン アナッアナッ
children's clothing

★★日本でも知られた化粧品メーカー以外に、自然素材を原料としたインドネシア製コスメもある。

63

スーパーへ行こう

Pergi ke Pasar Swalayan
プルギ ク パサル スワラヤン
Supermarket

○○はどこにありますか？
○○ ada di mana?
○○ アダ ディ マナ
Where is the ○○?

こちらにあります
Di sini.
ディ スィニ
Over this way.

あちらにあります
Di sana.
ディ サナ
Over that way.

どのくらいもちますか？
Bisa tahan berapa lama?
ビサ タハン ブラパ ラマ
How long will it keep?

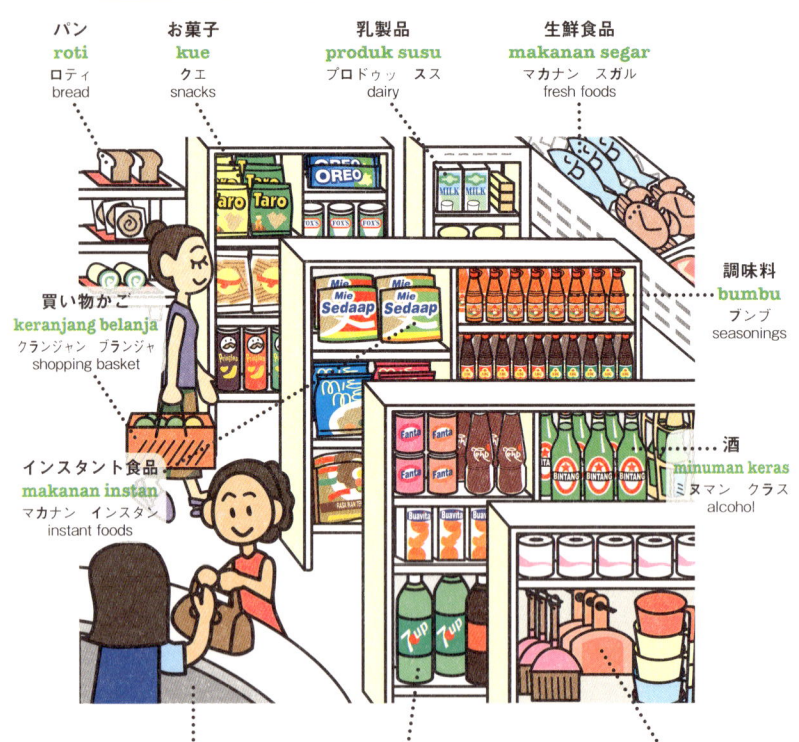

約○○日です★
Kira-kira ○○ hari.
キラキラ ○○ ハリ
About ○○ days.

パン
roti
ロティ
bread

お菓子
kue
クエ
snacks

乳製品
produk susu
プロドゥッ スス
dairy

生鮮食品
makanan segar
マカナン スガル
fresh foods

買い物かご
keranjang belanja
クランジャン ブランジャ
shopping basket

調味料
bumbu
ブンブ
seasonings

インスタント食品
makanan instan
マカナン インスタン
instant foods

酒
minuman keras
ミヌマン クラス
alcohol

手荷物預かりカウンター
tempat penitipan barang
トゥンパッ プニティパン バラン
handbag check

飲み物
minuman
ミヌマン
drinks

日用雑貨
barang kebutuhan sehari-hari
バラン クブトゥハン スハリハリ
daily goods

★kira-kiraとは、「おおよそ〜」「〜くらい」という意味。何事もおおらかなバリでは、些細なことは気にしないという寛容性も必要。

日本語	Indonesia	発音	English
くし	**sisir**	スィスィル	comb
ティッシュペーパー	**tisu**	ティス	tissue paper
タオル	**handuk**	ハンドゥッ	towel
コンディショナー	**kondisioner**	コンディスィオヌル	conditioner
爪切り	**gunting kuku**	グンティン ク ク	nail clippers
カミソリ	**pisau cukur**	ピソウ チュクル	razor
洗濯用洗剤	**deterjen**	デトゥルゲン	laundry detergent
生理用品	**pembalut wanita**	プンバルッ ワニタ	feminine products
シャンプー	**sampo**	サンポ	shampoo
ハンカチ	**sapu tangan**	サプ タガン	handkerchief
歯ブラシ	**sikat gigi**	スィカッ ギギ	toothbrush
歯みがき粉	**pasta gigi**	パスタ ギギ	toothpaste
石けん	**sabun**	サブン	soap
丁子入りタバコ★★	**rokok kretek**	ロコッ クレテッ	clove cigarettes
電池	**baterai**	バトゥライ	batteries
ボールペン	**bolpoin**	ボルポイン	pen
ビニール袋	**kantong plastik**	カントン プラスティッ	plastic bag
封筒	**amplop**	アンプロッ(プ)	envelope
便箋	**kertas surat**	クルタス スラッ	note paper
あめ	**permen**	プルメン	sweets
クッキー	**kue kering**	クエ クリン	cookies
絵葉書	**kartu pos bergambar**	カルトゥ ポス ブルガンバル	postcard
賞味期限	**tanggal kedaluwarsa**	タンガル クダルワルサ	expiration date
ドライフルーツ	**buah-buahan kering**	ブアブアハン クリン	dry fruits
チョコレート	**cokelat**	チョクラッ	chocolate
アイスクリーム	**es krim**	エス クリム	ice cream

🌼 **ひとくちコラム**
お先にいただきます!?
スーパーでは、会計をする前に店内で飲料を飲んでしまい、空っぽの缶でビンで会計をする人もいる。日本では有り得ない光景だ。

★★インドネシア独特の煙草。丁子を煙草の葉に混ぜているので、丁子が燃えるとパチパチ音がして甘い香りがする。

市場へ行こう
Pergi ke Pasar
プルギ ク パサル
Going to Markets

これは1ついくらですか？
Ini 1, berapa?
イニ サトゥ ブラパ
How much for one?

高いです。もっとまけてください
Mahal. Bisa kurang?
マハル ビサ クラン
That's a bit expensive, can you lower the price a bit?

いくらならいいですか？
Mau berapa?
マウ ブラパ
How much do you want to pay?

○○ルピアです
○○ rupiah.
○○ ルピア
○○ rupiah.

無理です
Tidak bisa.
ティダッ ビサ
Sorry, no.

いいですよ
Boleh.
ボレ
It's a deal.

アトゥのかご **keranjang ata** クランジャン アトゥ Ata basket	ココナツソープ **sabun dari kelapa** サブン ダリ クラパ coconut soup	水牛の角のスプーン **sendok dari tanduk kerbau** センドッ ダリ タンドゥッ クルバウ water buffalo horn spoon
ココナツの木の箸 **sumpit dari kelapa** スンピッ ダリ クラパ coconut tree chopsticks	ココナツの実の椀 **batok kelapa** バトッ クラパ coconut shell bowl	アロマオイル **minyak aroma** ミニャッ アロマ aroma oil
お香 **hio** ヒオ incense	木彫りの猫 **kucing dari kayu** クチン ダリ カユ wooden cat	木彫りの果物 **buah-buahan dari kayu** ブアブアハン ダリ カユ wooden fruit
貝細工 **produk kulit kerang** プロドゥッ クリッ クラン shell work	陶器のカエル **kodok dari keramik** コドッ ダリ クラミック ceramic frog	バリコーヒー **kopi bali** コピ バリ Bali coffee
ジャスミンティー **teh melati** テ ムラティ jasmine tea	エビせんべい **kerupuk udang** クルプッ ウダン shrimp rice cracker	果物の缶詰 **buah kalengan** ブア カレガン canned fruit

試食はできますか？
Bisa dicoba?
ビサ ディチョバ
Can I try some?

2つ買ったら安くなりますか？
Kalau beli 2 bisa kurang?
カロゥ ブリ ドゥア ビサ クラン
If I buy two, can I get a deal?

🌼 ひとくちコラム
やっぱりや一めた、はダメ！
市場で売られている商品には定価がなく、売主と客との価格交渉によって値段が決まるため、商品に値札がついていない。値段を尋ねると通常は適正価格よりも高い値段を提示されるので、自分が買いたい値段を提示して価格交渉しよう。金額が折り合った時点で交渉成立。その後のキャンセルや、更に値切ることはルール違反であり、トラブルの元となるので、要注意。

| 1個 **1 buah** サトゥ ブア one | 1キロ **1 kilogram** サトゥ キログラム one kilogram | 100グラム **100 gram** スラトゥス グラム one hundred grams | 1パック **1 pak** サトゥ パッ one pack |

| 果物市場 **pasar buah** パサル ブア fruit market | 本物 **asli** アスリ real | 模造品 **imitasi** イミタスィ imitation |

肉 **daging** ダギン meat

魚 **ikan** イカン fish

野菜 **sayuran** サユラン vegetable

果物 **buah-buahan** ブアブアハン fruit

衣料品 **pakaian** パケアン clothing

日用品 **kelontong** クロントン daily goods

工芸品 **hasil kerajinan** ハスィル クラジナン craft work

調味料 **bumbu** ブンブー spice

極めよう

各種アクティビティのほか、バリ舞踊、音楽、絵画などの芸能・芸術を体感し、スパやエステで自分を磨こう！

バリでは毎日どこかで舞踊を観ることができる。（観光客向け多し）

レゴン 宮廷舞踊。女性が華やかに舞う。

目や手で細やかに表情をつける

バロン 聖獣バロン→

本来は寺院の儀礼としての舞踊。

日本の獅子舞みたい?!

ケチャ 男性による合唱

声だけで刻むリズムは不思議な響き!!

チャッ チャッ チャッ チャッ チャッ チャッ チャッ チャッ チャッ チャッ チャッ

日本語で書かれたプログラムを読むと内容がよくわかります。

へー、ストーリーがあるんだ

バロンと魔女ランダの戦い

さらに興味があれば、バリ舞踊教室などもあります！

先生

プロのダンサー

足の指は地面につけない

手は中指を出して

けんこう骨を引いて腰をおとす

目は閉じずに表情をつくる

ポーズの持つ意味や美しい独特のポーズのとり方が理解できます。が

キッキビシイ〜ッ

キツいスクワット状態

翌日筋肉痛…

バリ舞踊を鑑賞しよう
Menonton Tari Bali
ムノントン タリ バリ
Bali Dancing

どこでバリ舞踊を観ることができますか？
Di mana bisa menonton tari Bali?
ディ マナ ビサ ムノントン タリ バリ
Where can I see some Bali dances?

○○です
Di ○○.
ディ ○○
At ○○.

何時に始まりますか？
Mulainya jam berapa?
ムライニャ ジャム ブラパ
What time does it begin?

○時です (→P88 時間)
Jam ○.
ジャム ○
At ○.

ステージ **panggung** パングン stage	踊り手 **penari** プナリ dancer	座席 **tempat duduk** トゥンパッ ドゥドゥッ seat	ガムラン奏者 **penabuh gamelan** プナブ ガムラン gamelan player

レゴン・クラトン / Legong Keraton
レゴン クラトン / Legong Keraton
バリ舞踊を代表する踊りで、略してレゴンともよばれる。宮廷（クラトン）で王様を楽しませていた舞踊の総称。3人の女性によるレゴン・ラッサムが有名で、女官（チョンドン）役は舞踊団のトップダンサーが演じる。

ガムラン / gamelan
ガムラン / gamelan
青銅の打楽器、太鼓、笛などで編成。楽器だけでなく、それによって演奏される音楽のことも指す。バリには数十種類のガムランがあるが、現在は20世紀初頭に出現したガムラン・ゴン・クビャールという演奏形態が主流。

日本でバリ舞踊を習っています
Saya belajar tari Bali di Jepang.
サヤ ブラジャル タリ バリ ディ ジュパン
I've been learning Bali dancing in Japan

どれくらいですか？
Berapa lama?
ブラパ ラマ
For how long?

1年です （➡P86 数字）
Satu tahun.
サトゥ タウン
One year.

ペンデッ
Pendet
ペンデッ
Pendet

降臨した神を歓迎する踊り。複数の女性が花を振りまきながら踊る。

バリス
Baris
バリス
Baris

男性による戦士の踊り。敏捷な動き、目の表情で、戦士の心情を表す。

トペン
Topeng
トペン
Topeng

バリ王朝の歴史を脚色した物語を1人または複数で演じる仮面舞踊劇。

バロン・ダンス
Tari Barong
タリ バロン
Barong dance

聖獣バロンと魔女ランダの永遠の戦いを通じてバリの相対概念を表現。

影絵芝居
Wayang Kulit
ワヤン クリッ
shadow play

牛皮製の人形を使い、インドの古代叙事詩を題材にコミカルに演じる。

ケチャ
Kecak
ケチャッ
Kecak

男性が円陣でチャッチャッと合唱し、中心でラーマーヤナを演じる。

ひとくちコラム

バリ舞踊を鑑賞するには
バリ舞踊は島内のホテルやレストランのショーなどでも見られるが、より本格的なものを見たいなら、芸能の村・ウブドへ行こう。毎晩いくつもの公演が行われ、様々なスタイルのバリ舞踊が見られる。ウブド以外には、ウルワトゥのケチャ、バトゥ・ブランのバロン・ダンス、ヌガラのジェゴグ（竹の巨大ガムラン）が有名。

●ウブド周辺の舞踊団
（名称/場所/見られる踊り）
ティルタ・サリ/プリアタン/レゴン他
スマラ・ラティ/クトゥ/バリス他
サダ・ブダヤ/ウブド/レゴン他
トレナ・ジェンガラ/ウブド/ケチャ

儀礼を体験しよう

Ikut Upacara
イクッ ウパチャラ
Ceremony

近々、儀礼はありますか?
Ada upacara dalam waktu dekat?
アダ ウパチャラ ダラム ワクトゥ ドゥカッ
Are there any ceremonies soon?

はい、オダラン(寺院創立記念祭)があります
Ya, ada odalan.
ヤ アダ オダラン
Yes, there's an odalan soon.

いつですか?
Kapan?
カパン
When is it?

○月○○日にあります (→P90 年月日)
Pada tanggal ○○ ○.
パダ タンガル ○○ ○
On the ○○th, of ○.

参列してもいいですか?
Boleh saya ikut?
ボレ サヤ イクッ
Can I take part?

ひとくちコラム
オダランとは?
ウク暦に従って210日に1度巡ってくる寺院創立記念の儀礼。寺院の規模により、1~4日間もしくはそれ以上の期間行われ、舞踊、影絵芝居なども催される。大きな寺院ではサカ暦に従いオダランを行うこともある。(暦→P82)

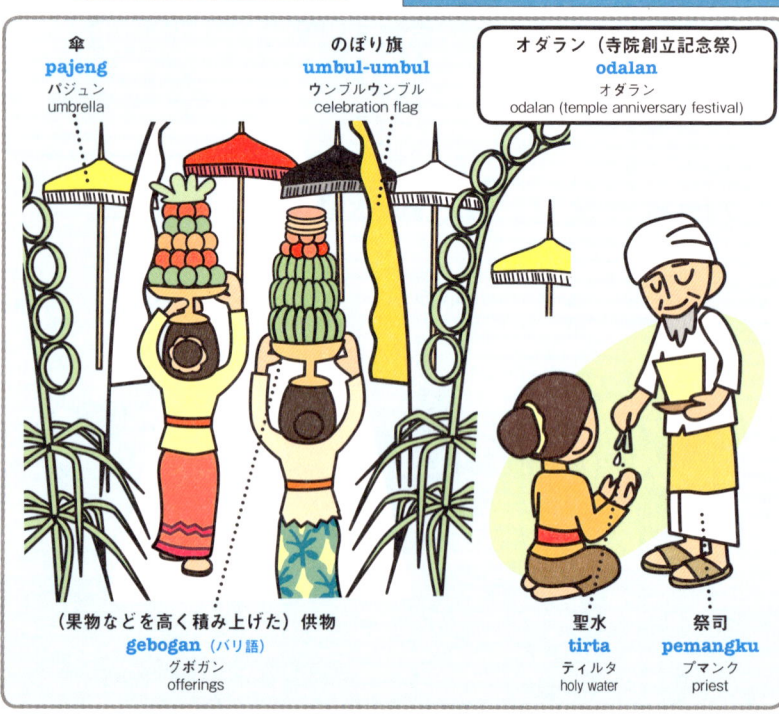

傘
pajeng
パジュン
umbrella

のぼり旗
umbul-umbul
ウンブルウンブル
celebration flag

オダラン(寺院創立記念祭)
odalan
オダラン
odalan (temple anniversary festival)

(果物などを高く積み上げた)供物
gebogan (バリ語)
グボガン
offerings

聖水
tirta
ティルタ
holy water

祭司
pemangku
プマンク
priest

★正装は市場で購入するか、布を買って、仕立て屋でオーダーメイドしての翌日仕上げなどを利用して調達。

正装 ★
pakaian adat
パケアン アダッ
Formal Wear

ひとくちコラム
オダランを見る
オダラン期間中、寺院に入るには正装しなければならない。また、生理中やけがで出血している人は寺院には入れない。参列前には身を清め、髪の長い人は後ろで束ねる。儀礼の妨げにならないよう注意し、フラッシュ撮影は控えよう。

頭飾り
udeng
ウドゥン
headdress

男性用正装上着
baju safari
バジュ サファリ
man's shirt

飾り布
saput
サプッ
pelmet

腰布
kain panjang
カイン パンジャン
skirt

女性用正装上着
kebaya
クバヤ
woman's shirt

帯
selendang
スレンダン
belt

腰布
selendang
カイン パンジャン
skirt

火葬
ngaben (バリ語)
ンガベン
cremation

バリの火葬は盛大で、人生最大の儀礼。多額の費用がかかるため、遺体はいったん土葬し、資金調達後に改めて火葬を行う。火葬後の遺骨は粉にして海に流される。

遺体を運ぶ塔
bade
バドゥ
funeral tower

張子の牛
lembu
ルンブ
sacrificial cow
この中に遺体を安置して焼く

結婚式
upacara pernikahan
ウパチャラ プルニカハン
wedding

式、披露宴とも屋敷の中で行われる。朝から晩まで宴は続き、訪問客がひっきりなしにお祝いにやってくる。

新郎
pengantin laki-laki
プガンティン ラキラキ
groom

新婦
pengantin perempuan
プガンティン プルンプアン
bride

使える!ワードバンク 〈儀礼編〉

儀礼	**upacara**	ウパチャラ
祭	**perayaan**	プラヤアン
結婚披露宴	**pesta pernikahan**	ペスタ プルニカハン
削歯儀礼★★	**upacara potong gigi**	ウパチャラ ポトン ギギ
行列	**arak-arakan**	アラッアラカン
(ヤシの葉の皿に花などを載せた) 供物		
	canang (バリ語)	チャナン

ひとくちコラム
人生の通過儀礼
バリでは寺院の儀礼のほかに、人生の通過儀礼がある。赤ん坊の時の種々の儀礼、成人儀礼、結婚式、葬式などだ。これらの儀礼は葬式を除き、ほぼすべて屋敷内で行なわれる。

★★削歯儀礼とは犬歯を削り平らにする成人儀礼。結婚式と合わせて行われることが多い。

バリ絵画を知ろう
Mengenal Lukisan Bali
ムグナル ルキサン バリ
Bali painting

○○(の)絵を探しています★
Saya cari lukisan ○○.
サヤ チャリ ルキサン ○○
I'm looking for a painting by ○○.

○○を題材にした絵はありますか？
Ada lukisan bertema ○○?
アダ ルキサン ブルテマ ○○
Do you have any paintings of ○○?

これはだれの作品ですか？
Ini karya siapa?
イニ カルヤ スィアパ
Who's work is this?

これは○○の作品です
Ini karya ○○.
イニ カルヤ ○○
It's ○○'s work.

伝統的な / **tradisional** / トラディスィオナル / traditional

現代的な / **modern** / モデルン / modern

風景 / **pemandangan alam** / プマンダガン アラム / landscape

踊り手 / **penari** / プナリ / dancer

鳥 / **burung** / ブルン / bird

動物 / **binatang** / ビナタン / animal

人物 / **orang** / オラン / people

静物 / **benda mati** / ブンダ マティ / still life

抽象 / **abstrak** / アブストラッ / abstract

カマサン・スタイル
gaya Kamasan
ガヤ カマサン
Kamasan style

最も古い画法。寺院や王宮の装飾としてインド叙事詩を題材に描かれてきた。遠近感のない構成と彩色が特徴。

ウブド・スタイル
gaya Ubud
ガヤ ウブッ
Ubud style

1930年代にドイツ人画家らの影響で生まれた西洋絵画的なスタイル。文学を題材とした従来のスタイルから脱し、農作業風景など日常生活がテーマとして描くようになる。

★バリの絵画の歴史を知りたいならウブドのネカ美術館やプリ・ルキサン美術館がおすすめ。

日本語	インドネシア語	カナ	English
キャンバス	**kanvas**	カンファス	canvas
筆	**kuas**	クアス	brush
画家	**pelukis**	プルキス	painter
絵画	**lukisan**	ルキサン	painting
アトリエ	**sanggar**	サンガル	studio
絵の具	**cat**	チャッ	paint
鉛筆	**pensil**	ペンシル	pencil

日本語	インドネシア語	カナ	English
水彩	**cat air**	チャッ アイル	water colour
油彩	**cat minyak**	チャッ ミニャッ	oil painting
アクリル	**aklirik**	アクリリッ	acrylic
スケッチ	**sketsa**	スケッツァ	sketch
画用紙	**kertas gambar**	クルタス ガンバル	drawing paper
額	**bingkai**	ビンカイ	mirror
美術館	**museum seni**	ムセウム スニ	art museum
ギャラリー ★★	**galeri**	ガレリ	gallery
展覧会	**pameran**	パメラン	exhibition

バトゥアン・スタイル / **gaya Batuan**
ガヤ バトゥアン — Batuan style

1930年代に生まれた画法。日常生活などを暗い色調で細密画風に描く。

ヤング・アーティスト・スタイル / **gaya Young Artist**
ガヤ ヤン アルティス — Young Artist style

1960年代に子供達が描いたのがはじまり。輪郭線のくっきりした画法。

プゴセカン・スタイル / **gaya Pengosekan**
ガヤ プゴセカン — Pengosekan style

緑に囲まれた鳥や花などを平面的に描く。1970年代の新しいスタイル。

★★最近は現代アートのギャラリーも多い。ネカ美術館周辺に多く集まっている。

スパ＆エステでリラックスしよう

Bersantai di Spa dan Salon
ブルサンタイ ディ スパ ダン サロン
Relaxing at the Spa

○○をしたいのですが
Saya mau ○○.
サヤ マウ ○○
I would like to ○○.

すぐできますか？
Bisa sekarang?
ビサ スカラン
Can I get in soon?

30分待っていただけますか？（→P88 時間）
Bisa tunggu 30 menit ?
ビサ トゥング ティガ プル ムニッ
It is a thirty minute wait. Is that okay?

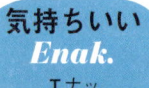

できます
Bisa.
ビサ
Yes.

気持ちいい
Enak.
エナッ
This feels good.

痛い
Sakit.
サキッ
That hurts.

くすぐったい
Geli.
グリ
That's ticklish.

ゆっくり
Pelan-pelan.
プランプラン
slowly

もっと強く
Tolong lebih keras.
トロン ルビ クラス
stronger

もっと弱く
Tolong lebih lembut.
トロン ルビ ルンブッ
softer

そこをもっと
Pijat lagi di situ.
ピジャッ ラギ ディ スィトゥ
More right there.

そこはやめて
Jangan di situ.
ジャガン ディ スィトゥ
That's enough for that spot.

肩が凝っています **Bahu saya pegal.** バフ サヤ ブガル My shoulders are stiff.	首 **leher** レヘル neck	背中 **punggung** プングン back
腰が痛いです **Pinggang saya sakit.** ピンガン サヤ サキッ My lower back hurts.	足 **kaki** カキ leg/foot	腕 **lengan** ルガン arm

★米粉など自然素材を使ったスクラブのこと。

メニューリストを見せてください
Minta menunya.
ミンタ　メヌニャ
Do you have a service list?

これでお願いします
Saya mau yang ini.
サヤ　マウ　ヤン　イニ
I'd like this, please.

バリニーズ・マッサージ
Balinese massage
バリニズ　マサセ
Balinese massage

フラワー・バス
flower bath
フロワ　バッ
flower bath

マンディ・ルルール ★
mandi lulur
マンディ　ルルール
mandi lulur

アーユル・ヴェーダ
ayur veda
アユル　ヴェダ
ayur veda

足ツボマッサージ
reflexology
レフレクソロギ
foot massage

クリーム・バス
cream bath
クレム　バッ
cream bath

マニキュア
manikur
マニクル
manicure

ペディキュア
pedikur
ペディクル
pedicure

うつぶせになってください
Tolong tidur tengkurap.
トロン　ティドゥル　トゥンクラッ（プ）
Lie on your stomach, please.

仰向けになる
tidur terlentang
ティドゥル　トゥルルンタン
Lie face up, please.

座る
duduk
ドゥドゥッ
sit

横になる
berbaring
ブルバリン
on your side

起き上がる
bangun
バグン
stand up

🌸 ひとくちコラム
ツヤツヤ黒髪の秘密
バリ人の女の子たちの黒髪はいつもツヤツヤできれい。その秘密はクリーム・バス。アロエ、アボカド、朝鮮人参などの自然素材を使った栄養たっぷりのクリームを使い、頭皮をマッサージ。頭のツボを刺激しながらのマッサージはリラックス効果があって気持ちいい。頭皮だけでなく、首、肩、腕もマッサージしてくれる。町なかの美容院なら手軽な値段でできるので、1度試してみてはいかが？

使える！ワードバンク　スパ・エステ編

マッサージ	pijat / massage	ピジャッ　マサセ
トリートメント	treatment	トリトメン
ボディ・スクラブ★★	boreh	ボレ
パック	masker	マスクル
スクラブ	lulur	ルルール
美容室	salon kecantikan	サロン　クチャンティカン
エステティシャン	terapis	テラピス

★★ジンジャーやシナモンなどのスパイスでおこなう全身スクラブ＆マッサージ。

アクティビティに挑戦しよう

Beraktivitas di Luar
ブルアクティフィタス ディ ルアル
Joining in Activities

ダイビングの予約をしたいのですが
Saya mau booking untuk scuba diving.
サヤ マウ ブッキン ウントゥッ スクバ ダイフィン
I'd like to make a diving reservation.

明日の10時から2名でお願いします
Dua orang untuk jam 10.00 besok.
ドゥア オラン ウントゥッ ジャム スプル ベソッ
Two people for tomorrow at ten.

かしこまりました。お名前は？
Baik. Namanya siapa?
バイッ ナマニャ スィアパ
No problem. Can I have your name, please?

あいにくいっぱいです。2時でどうですか？
Maaf, penuh. Bagaimana kalau jam 2.00?
マアフ プヌ バゲマナ カロゥ ジャム ドゥア
I'm sorry, we're fully booked at that time. How is two o'clock?

所要時間はどれくらいですか？
Kira-kira berapa lama?
キラキラ ブラパ ラマ
How long does it last?

2時間です
Dua jam.
ドゥア ジャム
Two hours.

体験ダイビング	Cカード取得コース ★	オープン・ウォーター ★★
introductory diving	**kursus untuk mendapat sertifikat**	**open water**
イントロドゥクトリ ダイフィン	クルスス ウントゥッ ムンダパッ セルティフィカッ	オプン ウァータ
introductory diving	certification course	open water

スキューバ・ダイビング / scuba diving / スクバ ダイフィン / scuba diving

マスク / masker / マスクル / mask

タンク / tabung / タブン / tank

スノーケリング / snorkeling / スノクリン / snorkeling

ダイバー / penyelam / プニュラム / diver

レギュレーター / regulator / レグラトル / regulator

インストラクター / instruktur / インストゥラクトゥル / instructor

スノーケル / snorkel / スノクル / snorkel

ウエットスーツ / wet suit / ウェッ スッ / wet suit

BCジャケット / BC jacket / ビースィ ジャケッ / BC jacket

ウェイトベルト / weight belt / ウェイッ ベルッ / weight belt

フィン / fin / フィン / fins

★Cカードとは認定カード（ライセンス）のこと。ない場合も体験ダイビングであれば参加できる。

機材はレンタルできますか？
Bisa sewa alat?
ビサ セワ アラッ
Can I rent equipment?

できます
Bisa.
ビサ
Yes, you can.

機材込みでいくらですか？
Berapa biayanya termasuk alat?
ブラパ ビアヤニャ トゥルマスッ アラッ
How much does it cost?

ラフティング	森	岩	滝
rafting / arung jeram	**hutan**	**cadas**	**air terjun**
ラフティン アルン ジュラム	フタン	チャダス	アイル トゥルジュン
rafting	forest	rocks	waterfall

ライフジャケット
jaket pelampung
ジャケッ プランプン
life jacket

ヘルメット
helm
ヘルム
helmet

パドル
paddle
パドル
paddle

ラフト
raft
ラフッ
raft

パラセイリング
parasailing
パラセイリン
parasailing

イルカウォッチング
dolphin watching
ドルフィン ウォッチン
dolphin watching

水上バイク
jet ski
ジェッ スキ
jet ski

サーフィン
selancar
スランチャル
surfing

ボディボード
body board
ボディ ボッ
body board

バナナボート
banana boat
バナナ ボッ
banana boat

クルージング
cruising
クルースィン
cruising

ゴルフ
golf
ゴルフ
golf

サイクリング
cycling
サイクリン
cycling

トレッキング
trekking
トレッキン
hiking

使える！ワードバンク　マリン編

熱帯魚	ikan tropis	イカン トゥロピス
貝	kerang	クラン
イルカ	lumba-lumba	ルンバルンバ
海ガメ	penyu	プニュ
サンゴ礁	terumbu karang	トゥルンブ カラン
波	ombak	オンバッ
サーファー	peselancar	プスランチャル

はじめよう｜歩こう｜食べよう｜買おう｜極めよう｜伝えよう｜日本の紹介

★★Cカードのビギナーレベルのこと。

映画、音楽、芸能を楽しもう

Menikmati Film, Musik, dan Kesenian
ムニクマティ フィルム、ムスィッ、ダン クスニアン
Movies, Music, Performances

あなたの好きな俳優はだれですか?
Siapa aktor favorit Anda?
スィアパ アクトル ファフォリッ アンダ
What actor do you like?

○○のファンです
Saya fans ○○.
サヤ ファンス ○○
I like ○○.

ニコラス・サプトラ / Nicholas Saputra
ニコラス サプトラ
Nicholas Saputra

ディアン・サストロワルドヨ / Dian Sastrowardoyo
ディアン サストロワルドヨ
Dian Sastrowardoyo

トラ・スディロ / Tora Sudiro
トラ スディロ
Tora Sudiro

ラシェル・マリアム / Rachel Maryam
ラシェル マリアム
Rachel Maryam

アデ・ライ / Ade Rai
アデ ライ
Ade Rai

クリスティン・ハキム / Christine Hakim
クリスティン ハキム
Christine Hakim

| 女優 **aktris** アクトゥリス actress | 映画 **film** フィルム movie | 映画館 **bioskop** ビオスコプ movie theatre | アニメ **kartun** カルトゥン cartoon |

○○を知っていますか?
Anda tahu ○○?
アンダ タウ ○○
Do you know ○○?

キャプテン翼 / Captain Tsubasa
カプテン ツバサ
Captain Tsubasa

ドラゴンボール / Dragon Ball
ドラゴン ボル
Dragonball

ドラえもん / Doraemon
ドラエモン
Doraemon

心の友★ / Kokoro no Tomo
ココロノトモ
Kokoro no Tomo

クレヨンしんちゃん / Crayon Shinchan
クラヨン スィンチャン
Crayon Shinchan

使える!ワードバンク 映画編

- インドネシア映画 **film Indonesia** フィルム インドネスィア
- 日本映画 **film Jepang** フィルム ジュパン
- 洋画 **film Barat** フィルム バラッ
- アクション **action** アクション
- ラブストーリー **kisah cinta** キサ チンタ
- ホラー **horor** ホロル
- コメディ **lawak** ラワッ

★日本では知名度が低いが、インドネシアでは爆発的にヒットした五輪真弓の曲。

どんな音楽が好きですか？
Anda suka jenis musik apa?
アンダ スカ ジュニス ムスィッ アパ
What kind of music do you like?

ロックが好きです
Saya suka rock.
サヤ スカ ロッ
I like rock.

| ポップス
pop
ポッ(プ)
pop | クラシック
klasik
クラスィッ
classical | ジャズ
jaz
ジャズ
jazz | ダンドゥット ★★
dangdut
ダンドゥッ
dangdut |

今、ヒットしている曲は何ですか？
Lagu apa yang sedang ngetop?
ラグ アパ ヤン スダン ングトッ(プ)
What song is popular right now?

歌手 / penyanyi — プニャニ — singer

この曲を歌っているのはだれですか？
Lagu ini siapa yang nyanyi?
ラグ イニ スィアパ ヤン ニャニィ
Who sings this song?

クリスダヤンティ / Krisdayanti — クリスダヤンティ — Krisdayanti

サムソンズ / Samsons — サムソン — Samsons

グレン・フレドリ / Glenn Fredly — グレン フレドリ — Glen Fredly

ラジャ / Radja — ラジャ — Radja

クリシュ / Chrisye — クリシュ — Chrisye

ニジ / Nidji — ニジ — Nidji

シェイラ・オン・セブン / Sheila on 7 — シェイラ オン セブン — Sheila on 7

ロッサ / Rossa — ロッサ — Rossa

チョクラッ / Cokelat — チョクラッ — Cokelat

イワン・ファルス / Iwan Fals — イワン ファルス — Iwan Fals

★★庶民に人気のダンスミュージック。聴くだけでなく曲に合わせて腰を振り、踊って楽しむ。

暦、季節、イベント、祭

Kalender, Musim, Acara, Pesta

カレンドゥル、ムスィム、アチャラ、ペスタ

Calendar, Seasons, Events, Festivals

今日は何か特別な日ですか？
Hari ini hari khusus?
ハリ イニ ハリ クスス
Is today a special day?

はい、今日は◯◯です
Ya, hari ini ◯◯.
ヤ ハリ イニ ◯◯
Yes, today is ◯◯.

祝日	連休	記念日
hari raya	**libur berturut-turut**	**hari peringatan**
ハリ ラヤ	リブール ブルトゥルートゥルー	ハリ プリーガタン
holiday	long holiday	anniversary

正月（1月1日）
tahun baru
タフン バル
New Year's Day

旧正月（2月ごろ）
tahun baru Imlek
タフン バル イムレッ
Chinese New Year

陰暦の正月で、インドネシアの仏教徒の新年にあたる。

クリスマス（12月25日）
hari Natal
ハリ ナタル
Christmas

断食明けの大祭
Idulfitri
イドゥルフィトリ
Idulfitri

イスラム暦の10月1日。イスラム教徒にとって1年で最も重要な祭日。

1月	2月
Januari	*Februari*
ジャヌアリ	フェブルアリ
January	February

12月	雨季
Desember	*musim hujan*
デセンブル	ムスィム フジャン
December	rainy season

10月～3月頃。昼過ぎから夕方にかけてスコールが多い。フルーツの種類が豊富な時期。

11月	
November	
ノフェンブル	
November	

10月	9月
Oktober	*September*
オクトブル	セプテンブル
October	September

サカ暦 ★
tahun saka
タフン シャカ
Saka calendar

太陰暦に1年の長さを調節する月を足したもの。1カ月は新月から次の新月まで。ニュピや農耕儀礼はこの暦に基づいて行われている。

ウク暦 ★
tahun wuku
タフン ウク
Wuku calendar

バリ人の生活に最も密着している暦。210日で1年となる。寺院創立記念祭、ガルンガンとクニンガンなど多くの儀礼がこの暦に基づいて行われている。

ひとくちコラム
バリ人は儀礼に大忙し
バリでは各村ごとに3～4の寺院を持ち、各寺院が創立記念祭を行う。また満月や新月時の儀礼、豊穣祭、バリ・ヒンドゥーの総本山ブサキ寺院の祭りもある。さらに、各家では生まれてから死ぬまで多くの通過儀礼を行なう。毎年儀礼の日付が変わり、いつ何の儀礼があるのか把握しきれないため、どの家にも祭礼カレンダーが備えられ、それに従い祭礼を行っている。

★バリでは西暦、サカ暦、ウク暦の3種類の暦を使っている。日常生活は西暦で、儀礼関係は残りの2つの暦に基づいている。

新年おめでとう
Selamat tahun baru.
スラマッ タフン バル
Happy New Year!

断食明けおめでとう
Selamat Idulfitri.
スラマッ イドゥルフィトゥリ
Happy Eid ul-Fitr!

お誕生日おめでとう
Selamat ulang tahun.
スラマッ ウラン タフン
Happy Birthday!

ご結婚おめでとう
Selamat menempuh hidup baru.
スラマッ ムヌンプー ヒドゥッ(プ) バル
Congratulations!

新月 ★★
bulan mati
ブーラン マティ
new Moon

満月
bulan purnama
ブーラン プルナマ
full Moon

サカ暦の正月 (3～4月頃)
Nyepi
ニュピ
Saka calendar New Year

サカ暦の正月にあたり、バリにおいて最も重要な祭日。ニュピ前夜は悪霊払いの行事が行われ、とても賑やかだ。その一方で、ニュピ当日は、バリ・ヒンドゥーの教えに従い、バリの人々は外出を禁じられる。信者だけでなく観光客も外出は許されず、空港までも閉鎖される。

3月
Maret
マルッ
March

4月
April
アプリル
April

乾季
musim kemarau
ムスィム クマロゥ
dry season

4月～9月頃。湿度が低めで、過ごしやすい。雨季に入る直前の9月は気温が高め。

5月
Mei
メイ
May

ガルンガン & クニンガン
Galungan & Kuningan
ガルンガン ダン クニンガン
Galungan & Kuningan

ウク暦に基づく祝日で、ガルンガンは日本のお盆にあたる。ペンジョールという長い竹の棒にヤシの葉の飾りをつけたものを家の門に備え祖先霊を迎える。ガルンガンの前後数日間は官公庁や学校も休みになる。クニンガンはガルンガンの10日後で、祖先の霊を送り返す日。

6月
Juni
ジュニ
June

8月
Agustus
アグストゥス
August

7月
Juli
ジュリ
July

寺院創立記念祭
odalan
オダラン
temple anniversary festival

ウク暦に従い、210日に1度巡ってくる各寺院での盛大な祭り。(→P72参照)

インドネシア共和国独立記念日
hari ulang tahun kemerdekaan RI
ハリ ウラン タフン クムルデカアン エルイー
Indonesian Independence Day

1945年8月17日の独立宣言の記念日。町中は国旗で彩られ、当日は多くのイベントが催される。

サラスワティの日
hari Saraswati
ハリ サラスワティ
Saraswati Day

学問や文学の女神サラスワティの祝日。(ウク暦)

鉄柵の日
hari Pagerwesi
ハリ パグルウェスィ
Pagerwesi Day

家族や村の加護を願い祈りを捧げる日。(ウク暦)

★★バリ語では新月のことをtilem(ティレム)と言う。

伝えよう

バリ人の名前は階級や家系によってまちまち。名字がないので、家族全員の名前が全く違うこともある。

バリでチャーターした車の運転手さんの名前は、

「コマン」デス

コマンさん

そして、街で出合ったキャッチ？の男性も、

「コマン」デース

コマンさん多いな…

ではなくて、バリの人々は、個人名で呼ぶことはなく、

第一子：Wayan ワヤン
第二子：Made マデ
第三子：Komang コマン

「生まれた順」を呼び名とするのだ!!

第四子：Ketut クトゥッ
第五子：Wayan Balik ワヤンバリック（逆戻りするの意）

えーーっ

学校に行ったらどうするの〜?!

ワヤン君率高そう〜

バリ在住の日本人
(現地の人と結婚)

「だからアダ名で呼ぶことも多いですね」

「アダ名?!」

「個人名がやたら長かったり、結局同じ名前が多かったり、というのが理由だとか!?」

会社などでは
「事務のワヤンさん」
「運転手のワヤンさん」
こんな風に
「呼べばいい。」

「ん?! 名字は?」

名字はないのだそう!!

「村名が名字がわりかも」

「正式には階級をつけますね」

バリにはカースト制がある

文化の違いって面白いですね——。
不思議なバリ!!

キンタマニ高原

「このカーストによって言葉遣いも変わるので」

「バリ語はなかなか手強い!!」

「え〜ペラペラなのに〜」

はじめよう / 歩こう / 食べよう / 買おう / 極めよう / **伝えよう** / 日本の紹介

数字、単位

Angka, Satuan
アンカ、サトゥアン
Numbers, Ordinal Numbers

○+	**puluh** ブル	
+○ (11〜19)	**belas** ブラス	
百	**ratus** ラトゥス one hundred	
千	**ribu** リブ one thousand	
万	**puluh ribu** プル リブ ten thousand	
10万	**ratus ribu** ラトゥス リブ one hundred thousand	
100万	**juta** ジュタ one million	
億	**ratus juta** ラトゥス ジュタ one hundred million	

0	**nol / kosong** ノル コソン zero	
1	**satu** サトゥ one	
2	**dua** ドゥア two	
3	**tiga** ティガ three	
4	**empat** ウンパッ four	
5	**lima** リマ five	
6	**enam** ウナム six	
7	**tujuh** トゥジュ seven	
8	**delapan** ドゥラパン eight	
9	**sembilan** スンビラン nine	

| 10 | **sepuluh** スプル ten | 11 | **sebelas** スブラス eleven | 12 | **dua belas** ドゥア ブラス twelve |

| 23 | **dua puluh tiga** ドゥア プル ティガ twenty-three | 361 | **tiga ratus enam puluh satu** ティガ ラトゥス ウナム プル サトゥ three hundred and sixty-one | 7.500 ★ | **tujuh ribu lima ratus** トゥジュ リブ リマ ラトゥス seven thousand five hundred |

| 1番目 | **pertama** プルタマ first | 2番目 | **kedua** クドゥア second | 3番目 | **ketiga** クティガ third |

| 0,1 ★ | **nol koma satu** ノル コマ サトゥ zero point one (0.1) | 1/2 (半分) | **setengah** ストゥガ a half | 1/4 | **seperempat** スプルンパッ a quarter |

何<u>人</u>？
Berapa <u>orang</u>?
ブラパ <u>オラン</u>
How many people?

○回
○ **kali**
○ カリ
○ times

<u>3人</u>
<u>Tiga</u> orang.
<u>ティガ</u> オラン
Three people.

○人前
○ **porsi**
○ ポルシ
for ○ people

○枚ください
Minta ○ lembar.
ミンタ ○ ルンバル
○ tickets, please.

○本（ビン）
○ **botol**
○ ボトル
○ bottles

25.000ルピア
dua puluh lima ribu rupiah
ドゥア プル リマ リブ ルピア
twenty-five thousand rupiah

○階
lantai ○
ランタイ ○
○-th floor

| <u>2</u>倍 | **dua kali lipat** <u>ドゥア</u> カリ リパッ twice |

| 全部 | **semua** スムア all |

ひとくちコラム

数字の読み方のコツ
2桁以上の数字を読む時、1を表すsatuはse-（ス）となる。例えば、100はseratus（スラトゥス）= se-+ratus（100の位）、1,000はseribu（スリブ）= se-+ribu（1000の位）。また、10,000以上の位は「1000」を基本に考えよう。カンマの左の数字+1,000（ribu）の組み合わせで表現するので、10,000はsepuluh ribu（スプル リブ）、100,000はseratus ribu（スラトゥス リブ）となる。日本の1万はインドネシアでは10千と数えるので注意。1,000（ribu）が10（sepuluh）あるから10,000（sepuluh ribu）と考えるとわかりやすい。単位が大きく不安な時は紙に書いて伝えよう。

★インドネシア語では数字に使用するカンマと小数点の表示が日本語とは逆になる。

時間、一日
Jam, Sehari
ジャム、スハリ
Time, Day

今、何時ですか？
Sekarang jam berapa?
スカラン ジャム ブラパ
Do you have the time?

ホテルには何時に着きますか？
Jam berapa tiba di hotel?
ジャム ブラパ ティバ ディ ホテル
What time will we arrive at the hotel?

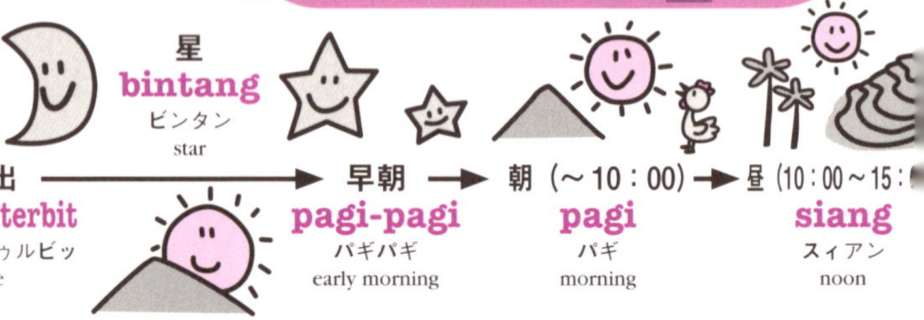

月 bulan / ブラン / Moon
星 bintang / ビンタン / star

日の出 matahari terbit / マタハリ トゥルビッ / sunrise
早朝 pagi-pagi / パギパギ / early morning
朝 (～10:00) pagi / パギ / morning
昼 (10:00～15:) siang / スィアン / noon

0時	1時	2時	3時	4時	5時	6時	7時	8時	9時	10時	11時	12時
jam dua belas malam.	jam satu pagi	jam dua pagi	jam tiga pagi	jam empat pagi	jam lima pagi	jam enam pagi	jam tujuh pagi	jam delapan pagi	jam sembilan pagi	jam sepuluh siang	jam sebelas sia...	jam dua bel...
ジャム ドゥア ブラス マラム	ジャム サトゥ パギ	ジャム ドゥア パギ	ジャム ティガ パギ	ジャム ウンパッ パギ	ジャム リマ パギ	ジャム ウナム パギ	ジャム トゥジュ パギ	ジャム ドゥラパン パギ	ジャム スンビラン パギ	ジャム スプル スィアン	ジャム スブラス スィ...	ジャム ドゥア...
midnight, twelve o'clock	one o'clock	two o'clock	three o'clock	four o'clock	five o'clock	six o'clock	seven o'clock	eight o'clock	nine o'clock	ten o'clock	eleven o'clock	twelve o'...

就寝 tidur / ティドゥル / bedtime
起床 bangun / バグン / wake up
朝食 makan pagi / sarapan / マカン パギ／サラパン / breakfast

空港までどれくらいかかりますか？
Berapa lama ke bandara?
ブラパ ラマ ク バンダラ
How long does it take to the airport?

約1時間20分です
Kira-kira satu jam dua puluh menit.
キラキラ サトゥ ジャム ドゥア プル ムニッ
It's about an hour and twenty minutes.

6時に起こしてください
Tolong bangunkan pada jam enam.
トロン バグンカン パダ ジャム ウナム
Please wake me at six o'clock.

急いでいます
Terburu-buru.
トゥルブルブル
I'm in a bit of a hurry.

3時10分です
Jam tiga sepuluh menit.
ジャム ティガ スプル ムニッ
About three ten.

午後5時ごろです
Kira-kira jam lima sore.
キラキラ ジャム リマ ソレ
About five o'clock in the afternoon.

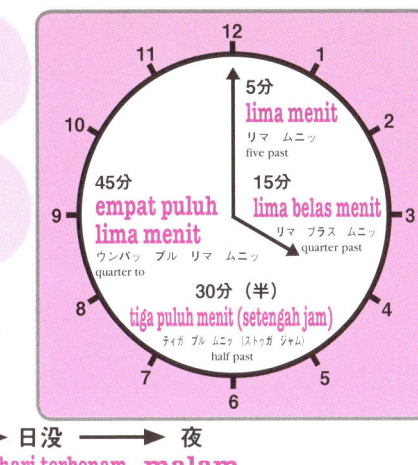

夕暮れ senja スンジャ dusk

夕方 (15:00～18:00) **sore** ソレ late afternoon

日没 **matahari terbenam** マタハリ トゥルブナム sunset

夜 **malam** マラム night

時計
- 5分 **lima menit** リマ ムニッ five past
- 15分 **lima belas menit** リマ プラス ムニッ quarter past
- 30分（半） **tiga puluh menit (setengah jam)** ティガ プル ムニッ（ストゥガ ジャム） half past
- 45分 **empat puluh lima menit** ウンパッ プル リマ ムニッ quarter to

時間帯
13時	jam satu siang	ジャム サトゥ スィアン	one o'clock
14時	jam dua siang	ジャム ドゥア スィアン	two o'clock
15時	jam tiga sore	ジャム ティガ ソレ	three o'clock
16時	jam empat sore	ジャム ウンパッ ソレ	four o'clock
17時	jam lima sore	ジャム リマ ソレ	five o'clock
18時	jam enam malam	ジャム ウナム マラム	six o'clock
19時	jam tujuh malam	ジャム トゥジュ マラム	seven o'clock
20時	jam delapan malam	ジャム ドゥラパン マラム	eight o'clock
21時	jam sembilan malam	ジャム スンビラン マラム	nine o'clock
22時	jam sepuluh malam	ジャム スプル マラム	ten o'clock
23時	jam sebelas malam	ジャム スブラス マラム	eleven o'clock

昼食
makan siang マカン スィアン lunch
(NASI CAMPUR)

昼寝
tidur siang ティドゥル スィアン afternoon nap

夕食
makan malam マカン マラム dinner

○時間前
jam sebelumnya
○ ジャム スブルムニャ
○ hours ago

○時間後
jam kemudian
○ ジャム クムディアン
○ hours from now

使える！ワードバンク 〈時間編〉

○時／1時	jam ／ jam satu	ジャム ○／ジャム サトゥ
○時間／1時間	jam ／ satu jam	○ ジャム／サトゥ ジャム
○分／1分	menit ／ satu menit	○ ムニッ　サトゥ ムニッ
3時ちょうど	jam tiga tepat	ジャム ティガ トゥパッ
時差	selisih waktu	スリスィ ワクトゥ
遅刻した	terlambat	トゥルランバッ

年月日、曜日

Tanggal, Bulan, Tahun, Hari
タンガル、ブラン、タフン、ハリ
Years, Months, Dates, Days

いつバリに来ましたか？
Kapan datang di Bali?
カパン ダタン ディ バリ
When did you come to Bali?

12月1日です
Tanggal satu Desember.
タンガル サトゥ デセンブル
On the first of December.

土曜日です
Hari Sabtu.
ハリ サブトゥ
On Saturday.

いつ日本に帰りますか？
Kapan pulang ke Jepang?
カパン プラン ク ジュパン
When are you returning to Japan?

1月 **Januari** ジャヌアリ January	7月 **Juli** ジュリ July	月曜 **hari Senin** ハリ スニン Monday 
2月 **Februari** フェブル**ア**リ February	8月 **Agustus** アグストゥス August	火曜 **hari Selasa** ハリ スラサ Tuesday
3月 **Maret** マルッ March	9月 **September** セプテンブル September	水曜 **hari Rabu** ハリ ラブ Wednesday
4月 **April** アプリル April	10月 **Oktober** オクトブル October	木曜 **hari Kamis** ハリ カミス Thursday
5月 **Mei** メイ May	11月 **November** ノフェンブル November	金曜 **hari Jumat** ハリ ジュマッ Friday
6月 **Juni** ジュニ June	12月 **Desember** デセンブル December	土曜 **hari Sabtu** ハリ サブトゥ Saturday
		日曜 **hari Minggu** ハリ ミング Sunday

1 2 3 4 5 6 7 8 9 10 11 12 13 14 15

〇日前	〇カ月前	〇年前
〇 **hari yang lalu**	〇 **bulan yang lalu**	〇 **tahun yang lalu**
〇 ハリ ヤン ラル	〇 ブラン ヤン ラル	〇 タフン ヤン ラル
〇 days ago	〇 months ago	〇 years ago
昨日	先月	去年
kemarin	**bulan lalu**	**tahun lalu**
クマリン	ブラン ラル	タフン ラル
yesterday	last month	last year
今日	今月	今年
hari ini	**bulan ini**	**tahun ini**
ハリ イニ	ブラン イニ	タフン イニ
today	this month	this year
明日	来月	来年
besok	**bulan depan**	**tahun depan**
ベソッ	ブラン ドゥパン	タフン ドゥパン
tomorrow	next month	next year
〇日後	〇カ月後	〇年後
〇 **hari lagi**	〇 **bulan lagi**	〇 **tahun lagi**
〇 ハリ ラギ	〇 ブラン ラギ	〇 タフン ラギ
〇 from now	〇 months from now	〇 years from now

どれくらい

何日間？	何週間？	何カ月間？	何年間？
Berapa hari?	**Berapa minggu?**	**Berapa bulan?**	**Berapa tahun?**
ブラパ ハリ	ブラパ ミング	ブラパ ブラン	ブラパ タフン
How many days?	How many weeks?	How many months?	How many years?
▼	▼	▼	▼
〇日間	〇週間	〇カ月間	〇年間
〇 **hari.**	〇 **minggu.**	〇 **bulan.**	〇 **tahun.**
〇 ハリ	〇 ミング	〇 ブラン	〇 タフン
〇 days	〇 weeks	〇 months	〇 years

いつ

何日？	何月？	何曜日？
Tanggal berapa?	**Bulan apa?**	**Hari apa?**
タンガル ブラパ	ブラン アパ	ハリ アパ
What date?	What month?	What day?
▼	▼	▼
〇日	〇月	〇曜日
Tanggal 〇.	**Bulan** 〇.	**Hari** 〇.
タンガル 〇	ブラン 〇	ハリ 〇
The 〇-th	〇	〇-day

✿ ひとくちコラム

似ているようでちょっと違う
インドネシア語の12カ月は、比較的なじみの深い英語の12カ月の表現ととてもよく似ている。April（アプリル、4月）、November（ノフェンブル、11月）のように英語と全く同じつづりもあれば、Oktober（オクトブル、10月）、Desember（デセンブル、12月）のようにわずかにつづりが異なるものもある。つい英語読みしてしまいがちだが、発音は英語とは異なるので注意しよう。

6 17 18 19 20 21 22 23 24 25 26 27 28 29 30 31

家族、友達、人の性格

Keluarga, Teman, Sifat Orang
クルアルガ、トゥマン、スィファッ オラン
Family, Friends, Personality

あなたには兄弟（姉妹）はいますか？
Anda punya saudara?
アンダ プニャ ソゥダラ
Do you have any brothers (sisters)?

▼

はい。兄が１人がいます
Ya, saya punya satu kakak laki-laki.
ヤ サヤ プニャ サトゥ カカッ ラキラキ
Yes, I have one older brother.

祖父 **kakek** カケッ grandfather	私の家族 **keluarga saya** クルアルガ サヤ My Family	祖母 **nenek** ネネッ grandmother

おじさん **om** オム uncle	父 **ayah** アヤ father	母 **ibu** イブ mother	おばさん **tante** タントゥ aunt

兄／姉 ★ **kakak** ○○ カカッ ○○ older brother/sister	私 **saya** サヤ me	弟／妹 ★ **adik** ○○ アディッ ○○ younger brother/sister

息子／娘 ★ **anak** ○○ アナッ ○○ son/daughter	夫／妻 **suami / istri** スアミ イストゥリ husband/wife	夫婦 **suami istri** スアミ イストゥリ couple

兄弟（姉妹） **saudara** ソゥダラ brothers (sisters)	両親 **orang tua** オラン トゥア parents	子供 **anak** アナッ child
親戚 **famili** ファミリ relative	いとこ **saudara sepupu** ソゥダラ ススプ cousin	孫 **cucu** チュチュ grandchild
甥／姪 **keponakan** クポナカン nephew/niece	私たち（話し相手を含む） **kita** キタ we/us	私たち（話し相手を含まない） **kami** カミ we/us

★兄・弟・息子の時は○○にlaki-laki（男）、姉・妹・娘の時はperempuan（女）が入る。

彼（彼女）は私の友だちです
Dia teman saya.
ディア トゥマン サヤ
He (She) is my friend.

あなたは優しいですね
Anda baik hati.
アンダ バイッ ハティ
You are kind.

私は恥ずかしがり屋です
Saya pemalu.
サヤ プマル
I am shy.

使える！ワードバンク 〈人の性格編〉

明るい	riang	リアン
暗い	pemurung	プムルン
勤勉	rajin	ラジン
なまけている	malas	マラス
口うるさい	cerewet	チェレウェッ
無口	pendiam	プンディアム
礼儀正しい	sopan	ソパン
そそっかしい	cerobohh	チュロボ
ケチ	pelit	プリッ
うそつき	pembohong	プンボホン
甘えん坊	manja	マンジャ

友達 / **teman** / トゥマン / friend

親友 / **sahabat** / サハバッ / best friend

恋人 / **pacar** / パチャル / lover

フィアンセ / **tunangan** / トゥナガン / fiancé

同級生 / **teman sekelas** / トゥマン スクラス / classmate

同郷の友人 / **teman sekampung** / トゥマン スカンプン / hometown friend

知り合い / **kenalan** / クナラン / acquaintance

お客様 / **tamu** / タム / customer

高慢な
sombong
ソンボン
conceited

気さくな
ramah
ラマ
friendly

おもしろい
lucu
ルチュ
interesting

臆病者
penakut
プナクッ
coward

勇気がある
berani
ブラニ
courageous

短気
cepat marah
チュパッ マラ
quick-tempered

いたずらな
nakal
ナカル
mischievous

趣味、職業

Hobi, Pekerjaan
ホビ、プクルジャアン
Hobbies, Occupations

あなたの趣味は何ですか？
Hobinya apa?
ホビニャ　アパ
What are your hobbies?

旅行です
Berwisata.
ブルウィサタ
travelling.

音楽鑑賞 **mendengar musik** ムンドゥガル　ムスィッ listening to music	映画鑑賞 **menonton film** ムノントン　フィルム watching movies	読書 **membaca** ムンバチャ reading books	マンガを読む **membaca komik** ムンバチャ　コミッ reading comics
ショッピング **berbelanja** ブルブランジャ shopping	散歩 **berjalan-jalan** ブルジャランジャラン walking	食べ歩き **makan-makan** マカンマカン trying different foods	テレビゲーム **game TV** ゲム　ティフィ video games
写真 **memotret** ムモトレッ photographs	料理 **memasak** ムマサッ cooking	テレビを観る **menonton TV** ムノントン　ティフィ watching television	スポーツ観戦 **menonton pertandingan** ムノントン　ブルタンディガン watching sports
ドライブ **jalan-jalan naik mobil** ジャランジャラン　ナイッ　モビル driving	サーフィン **berselancar** ブルスランチャル surfing	スキューバダイビング **scuba diving** スクバ　ダイフィン scuba diving	テニス **tenis** テニス tennis

私はインドネシア語を習って（学んで）います
Saya belajar bahasa Indonesia.
サヤ　ブラジャル　バハサ　インドネスィア
I'm learning Indonesian.

文学 **sastra** サストゥラ literature	芸術 **seni** スニ art	経済 **ekonomi** エコノミ economics	法律 **hukum** フクム law
政治 **politik** ポリティッ politics	医学 **kedokteran** クドクトゥラン medicine	工学 **teknik** テクニッ engineering	コンピュータ **komputer** コンプトゥル computers

お仕事は何ですか？
Kerjanya di mana?
クルジャニャ ディ マナ
What do you do?

私は銀行員です
Saya pegawai bank.
サヤ プガワイ バンッ
I work in a bank.

教師 / **guru** / グル / professor

美容師 / **ahli kecantikan** / アッリ クチャンティカン / aesthetician

運転手 / **sopir** / ソピル / driver

調理師 / **tukang masak** / トゥカン マサッ / chef

医師 / **dokter** / ドクトゥル / doctor

看護士 / **perawat** / プラワッ / nurse

店員 / **pelayan toko** / プラヤン トコ / store employee

ウェイター／ウェイトレス / **pelayan restoran** / プラヤン レストラン / waiter/waitress

弁護士	会計士	秘書	記者
pengacara	**akuntan**	**sekretaris**	**wartawan**
プガチャラ	アクンタン	セクレタリス	ワルタワン
lawyer	cashier	secretary	reporter

私は○○関係で働いています
Saya bekerja di bidang ○○.
サヤ ブクルジャ ディ ビダン ○○
I work in ○○.

金融	アパレル
keuangan	**usaha garmen**
クウアガン	ウサハ ガルムン
finance	fashion

マスコミ	運輸
media massa	**transportasi**
メディア マッサ	トランスポルタスィ
media	freight

IT	食品
IT	**makanan**
アイティ	マカナン
information technology	food

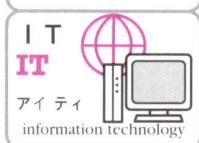

使える！ワードバンク　職業編

農家（農民）	**petani** プタニ
漁師	**nelayan** ヌラヤン
自営業	**wiraswastawan** ウィラスワスタワン
経営者	**pengusaha** プグサハ
キャビンアテンダント(男)	**pramugara** プラムガラ
キャビンアテンダント(女)	**pramugari** プラムガリ
スポーツ選手	**olahragawan** オララガワン
コンサルタント	**konsultan** コンスルタン
デザイナー	**perancang mode** プランチャン モドゥ
エンジニア	**insinyur** インスィニュル
通訳	**penerjemah** プヌルジュマ
定年退職	**pensiunan** ペンスィウナン

自然、動植物とふれあおう

Mengenal Alam, Binatang dan Tumbuhan

ムグナル アラム、ビナタン ダン トゥンブーハン

Nature, Animals, Plants

あれは何ですか？
Apa itu?
アパ イトゥ
What is that?

アグン山です
Gunung Agung.
グヌン アグン
It's Mount Agung.

今日はいいお天気ですね
Hari ini cuacanya baik.
ハリ イニ チュアチャニャ バイッ
The weather is great today, isn't it?

晴れ	雨
cerah チュラ clear	**hujan** フジャン rain

曇り	暑い	寒い	涼しい
mendung ムンドゥン cloudy	**panas** パナス hot	**dingin** ディギン cold	**sejuk** スジュッ cool

●海

港 — **pelabuhan** プラブハン port

船 — **kapal** カパル ship

ボート — **perahu** プラフ boat

島 — **pulau** プロゥ island

波 — **ombak** オンバッ wave

クジラ — **ikan paus** イカン パウス whale

海 — **laut** ラウ sea, ocean

ビーチ — **pantai** パンタイ beach

日光浴 — **berjemur** ブルジュムル sunbathing

貝殻 — **kulit kerang** クリッ クラン shell

砂 — **pasir** パシィル sand

サメ — **ikan hiu** イカン ヒウ shark

●陸

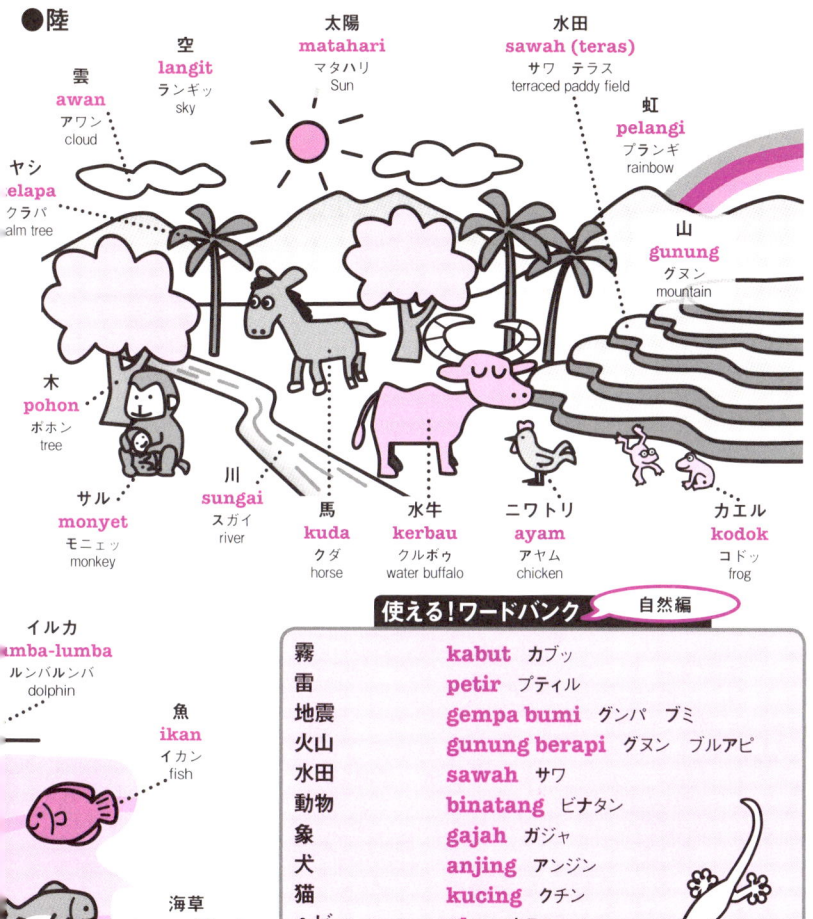

- 雲 **awan** アワン cloud
- 空 **langit** ランギッ sky
- 太陽 **matahari** マタハリ Sun
- 水田 **sawah (teras)** サワ テラス terraced paddy field
- 虹 **pelangi** プランギ rainbow
- ヤシ **kelapa** クラパ palm tree
- 山 **gunung** グヌン mountain
- 木 **pohon** ポホン tree
- 川 **sungai** スガイ river
- サル **monyet** モニェッ monkey
- 馬 **kuda** クダ horse
- 水牛 **kerbau** クルボウ water buffalo
- ニワトリ **ayam** アヤム chicken
- カエル **kodok** コドッ frog
- イルカ **lumba-lumba** ルンバルンバ dolphin
- 魚 **ikan** イカン fish
- 海草 **rumput laut** ルンプッ ラウッ seaweed
- ヒトデ **bintang laut** ビンタン ラウッ starfish

使える！ワードバンク 〈自然編〉

霧	**kabut** カブッ
雷	**petir** プティル
地震	**gempa bumi** グンパ ブミ
火山	**gunung berapi** グヌン ブルアピ
水田	**sawah** サワ
動物	**binatang** ビナタン
象	**gajah** ガジャ
犬	**anjing** アンジン
猫	**kucing** クチン
ヘビ	**ular** ウラル
ハエ	**lalat** ララッ
ヤモリ	**cicak** チチャッ
蚊	**nyamuk** ニャムッ
蝶々	**kupu-kupu** クプクプ
花	**bunga** ブガ
蘭	**anggrek** アングレッ
ブーゲンビリア	**bugenvil** ブゲンフィル
ハイビスカス	**bunga sepatu** ブガ スパトゥ
ジャスミン	**melati** ムラティ
プルメリア	**kamboja** カンボジャ

家庭を訪問しよう

Berkunjung ke Rumah
ブルクンジュン クルマ
Visiting Peoples' Homes

私の家で一緒に食事をしませんか？
Bagaimana kalau kita makan bersama di rumah saya?
バゲマナ カロゥ キタ マカン ブルサマ ディ ルマ サヤ
Would you like to have dinner at my house?

すみません、別の予定があります
Maaf, saya ada acara lain.
マアフ サヤ アダ アチャラ ライン
I'm sorry, I have other plans.

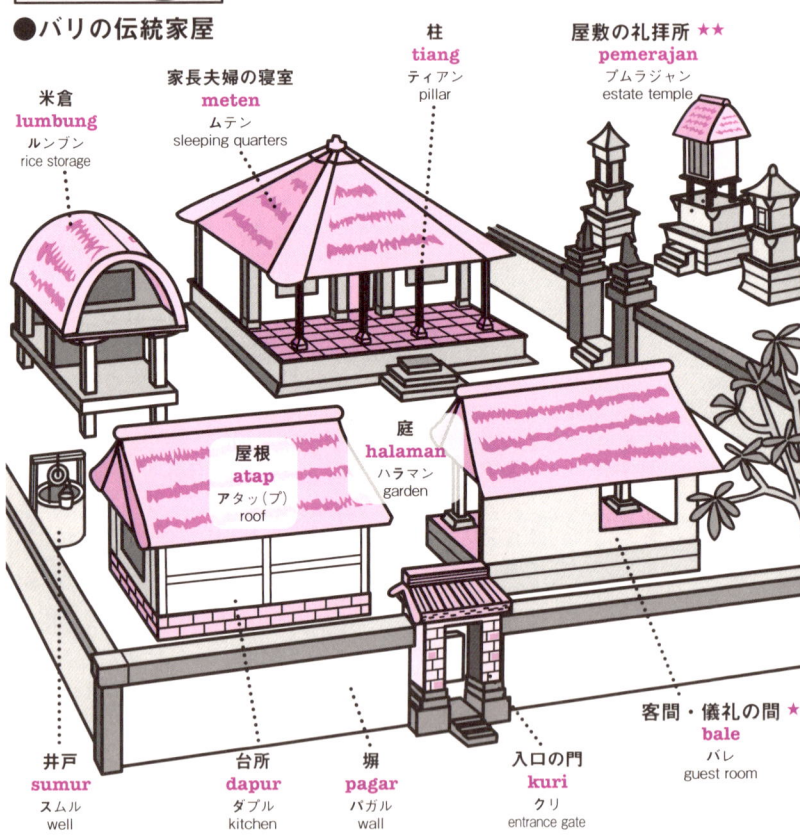

●バリの伝統家屋

米倉 lumbung ルンブン rice storage

家長夫婦の寝室 meten ムテン sleeping quarters

柱 tiang ティアン pillar

屋敷の礼拝所 ★★ pemerajan プムラジャン estate temple

屋根 atap アタッ（プ） roof

庭 halaman ハラマン garden

井戸 sumur スムル well

台所 dapur ダプル kitchen

塀 pagar パガル wall

入口の門 kuri クリ entrance gate

客間・儀礼の間 ★ bale バレ guest room

寝室	トイレ	浴室
kamar tidur	**kamar kecil**	**kamar mandi**
カマル ティドゥル	カマル クチル	カマル マンディ
bedroom	toilet	bathroom

98 ★柱のみの東屋のような建物のこと。寝室や作業場に使われる場合もある。

ありがとう、伺わせていただきます
Terima kasih, nanti saya akan datang.
トゥリマ カスィ ナンティ サヤ アカン ダタン
Thank you, I would love to.

素敵な家ですね
Rumahnya bagus, ya.
ルマニャ バグス ヤ
You have a beautiful home.

ゆっくりしていってください
Santai saja.
サンタイ サジャ
Please relax and make yourself at home.

おかわりはいかがですか？
Mau tambah lagi?
マウ タンバ ラギ
Would you like some more?

お腹いっぱいです
Saya sudah kenyang.
サヤ スダ クニャン
I'm full, thank you.

トイレに行きたいのですが
Saya mau ke belakang sebentar.
サヤ マウ ク ブラカン スブンタル
May I use your toilet?

そろそろ失礼します
Saya mau pamit dulu.
サヤ マウ パミッ ドゥル
I think I should be going now.

リビングルーム **ruang tengah** ルアン トゥガ living room

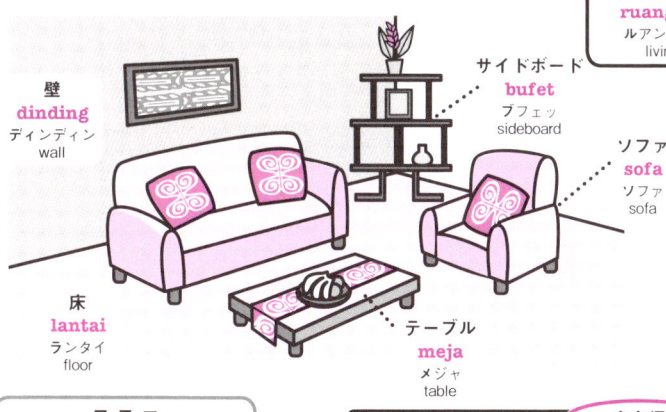

壁 **dinding** ディンディン wall

サイドボード **bufet** ブフェッ sideboard

ソファ **sofa** ソファ sofa

床 **lantai** ランタイ floor

テーブル **meja** メジャ table

テラス **teras** テラス terrace

子供部屋 **kamar anak** カマル アナッ children's room

使える！ワードバンク　家庭編

洗濯機	mesin cuci	ムスィン チュチ
掃除機	penyedot debu	プニュドッ ドゥブ
電子レンジ	microwave	ミクロウェフ
ガスコンロ	kompor gas	コンポル ガス
マットレス	kasur	カスル
枕	bantal	バンタル
抱き枕	guling	グリン

★★屋敷内の各建物の配置は慣習に従い、礼拝所は必ず建てられる。P98の入口の門、各部屋の名前はバリ語。

疑問詞、助動詞、動詞

Kata Tanya , Kata Kerja Bantu , Kata Kerja
カタ タニャ カタ クルジャ
バントゥ カタ クルジャ
Questions, Verbs, Auxiliary Verbs

明日、時間がありますか？よかったら、<u>ウブド</u>を散策しませんか？
Besok ada waktu? Bagaimana kalau kita jalan-jalan di <u>Ubud</u>?
ベソッ アダ ワクトゥ バゲマナ カロウ キタ ジャランジャラン ディ <u>ウブッ</u>
Are you free today? Why don't we wander around <u>Ubud</u>?

すみませんが、行けません
Maaf, tidak bisa.
マアフ ティダッ ビサ
Sorry, I can't go.

いいですよ、何時にどこで待ち合わせますか？
Baik, kita bertemu di mana dan jam berapa?
バイッ キタ ブルトゥム ディ マナ ダン ジャム ブラパ
Sounds good, when and where shall we meet?

10時にホテルに迎えに行きます
Saya akan jemput Anda di hotel pada jam 10.00.
サヤ アカン ジュンプッ アンダ ディ ホテル パダ ジャム スプル
I'll meet you at the hotel at ten.

遅れるときは電話をください
Kalau terlambat, tolong telepon dulu, ya.
カロウ トゥルランバッ トロン テレポン ドゥル ヤ
If you are going to be late, give me a call.

いくら？／いくつ？★ **Berapa?** ブラパ How much? / How many?	いつ？ **Kapan?** カパン When?	どこで？／どこに？ **Di mana?** ディ マナ Where? / Where to?
だれ？ **Siapa?** スィアパ Who?	なに(を)？ **Apa?** アパ What?	なぜ？ **Kenapa?** クナパ Why?
どうやって？ **Bagaimana?** バゲマナ How?	どこへ？ **Ke mana?** ク マナ Where to?	どれ？ **Yang mana?** ヤン マナ Which?

★両方の意味があるので、「値段はいくら？」なら、Berapa harganya?（ブラパ ハルガニャ）と聞こう。

日本語	インドネシア語	カタカナ	English
食べる	makan	マカン	eat
飲む	minum	ミヌム	drink
買う	beli	ブリ	buy
泊まる	menginap	ムギナッ（プ）	stay
行く	pergi	プルギ	go
来る	datang	ダタン	come
乗る	naik	ナイッ	ride (get on)
降りる	turun	トゥルン	get down/get off
見る	lihat	リハッ	look
鑑賞する	menonton	ムノントン	enjoy
座る	duduk	ドゥドゥッ	sit
立つ	berdiri	ブルディリ	stand
話す	bicara	ビチャラ	talk
探す	cari	チャリ	look for
選ぶ	pilih	ピリッ	choose
確認する	memastikan	ムマスティカン	confirm
起きる	bangun	バグン	wake up
寝る	tidur	ティドゥル	sleep
休憩する	beristirahat	ブルイスティラハッ	rest
歩く	berjalan	ブルジャラン	walk
聴く	mendengar	ムンドゥンガル	hear
書く	tulis	トゥリス	write
遊ぶ	bermain	ブルマイン	play
知っている	tahu	タウ	I know.
もらう（得る）	dapat	ダパッ	get
あげる	beri	ブリ	give
入る	masuk	マスッ	enter
出る	keluar	クルアル	leave
両替する	tukar uang	トゥカル ウアン	exchange (money)
連絡する	hubungi	フブギ	contact

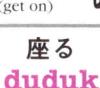

使える！ワードバンク　基本フレーズ編

～してください	Tolong ～．	トロン
～してもいいですか？	Boleh saya ～？	ボレ　サヤ
～したいのですが	Saya mau ～．	サヤ　マウ
～しなくてはいけません	Saya harus ～．	サヤ　ハルス
もう○○した	Sudah ○○．	スダ　○○
まだ○○していない	Belum ○○．	ブルム　○○
まだ○○している	Masih ○○．	マスィ　○○

形容詞、感情表現

Kata Sifat, Ekspresi Perasaan
カタ スィファッ エクスプレスィ プラサアン
Adjectives, Expressing Feelings

とっても○○です
○○ sekali.
○○ スカリ
It's very ○○.

それほど○○ではありません
Tidak begitu ○○.
ティダッ ブギトゥ ○○
It's not that ○○.

高い **mahal** マハル expensive	↔	安い **murah** ムラ cheap

暑い／熱い **panas** パナス hot	↔	寒い／冷たい **dingin** ディギン cold

多い **banyak** バニャッ many/much	↔	少ない **sedikit** スディキッ few/little

新しい **baru** バル new	↔	古い **lama** ラマ old

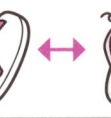

広い **luas** ルアス wide/spacious	↔	狭い **sempit** スンピッ narrow

長い **panjang** パンジャン long	↔	短い **pendek** ペンデッ short

高い **tinggi** ティンギ high	↔	低い **rendah** ルンダ low

重い **berat** ブラッ heavy	↔	軽い **ringan** リガン light

遠い **jauh** ジャウ far	↔	近い **dekat** ドゥカッ near

早い **cepat** チュパッ fast	↔	遅い **lambat** ランバッ late/slow

静かな **sepi** スピ quiet	↔	うるさい **ribut** リブッ loud

難しい **sulit** スリッ difficult	↔	簡単な **gampang** ガンパン easy

よい **baik** バイッ good	↔	悪い★ **buruk** ブルッ bad

よい **bagus** バグス good	↔	悪い★ **jelek** ジュレッ bad

★baik/burukは心など目に見えないものに対して、bagus/jelekは目に見えるものに対して使う。

○○ではありません
Tidak ○○.
ティダッ ○○
It's not ○○.

楽しい	**senang**	スナン	fun
寂しい	**sepi**	スピ	lonely
悲しい	**sedih**	スディ	sad
恋しい	**kangen**	カグン	missed
面白い	**lucu**	ルチュ	interesting
難しい	**susah**	スサ	difficult
退屈だ	**bosan**	ボサン	dull
疲れた	**capai**	チャパイ	tired
(景色などが) きれい	**indah**	インダッ	pretty
(人や物が) きれい	**cantik**	チャンティッ	pretty
かわいい	**manis**	マニス	cute
かっこいい	**keren**	クレン	cool
ハンサム	**ganteng**	ガントゥン	handsome
残念！	**Sayang!**	サヤン	Too bad!
変だ	**Aneh.**	アネ	That's weird.
えっ？	**Kenapa?**	クナパ	Sorry?
どうしよう	**Gimana, ya.**	ギマナ ヤ	What should I do?
やった〜！	**Hore!**	ホレ	I did it!
すごい！	**Hebat!**	ヘバッ	Great!

使える！ワードバンク　形容詞編

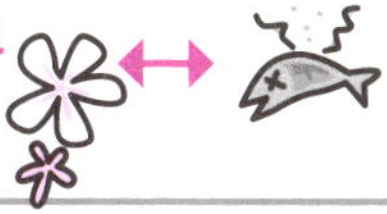

香りのよい	**harum** ハルム
くさい	**bau** バウ
強い	**kuat** クアッ
弱い	**lemah** ルマ
明るい	**terang** トゥラン
暗い	**gelap** グラッ(プ)
暖かい	**hangat** ハガッ
涼しい	**sejuk** スジュッ
深い	**dalam** ダラム
浅い	**dangkal** ダンカル
老いた	**tua** トゥア
若い	**muda** ムダ
清潔な	**bersih** ブルスィ
汚い	**kotor** コトル
太っている	**gemuk** グムッ
やせている	**kurus** クルス
頭のよい	**pintar** ピンタル
無知な	**bodoh** ボド

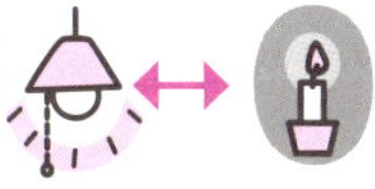

体、体調

Badan , Kondisi Badan
バダン、コンディスィ バダン
Body, Condition

◯◯が痛みます
◯◯ saya sakit.
◯◯ サヤ サキッ
My ◯◯ hurts.

◯◯にケガをしました
◯◯ saya luka.
◯◯ サヤ ルカ
I hurt my ◯◯.

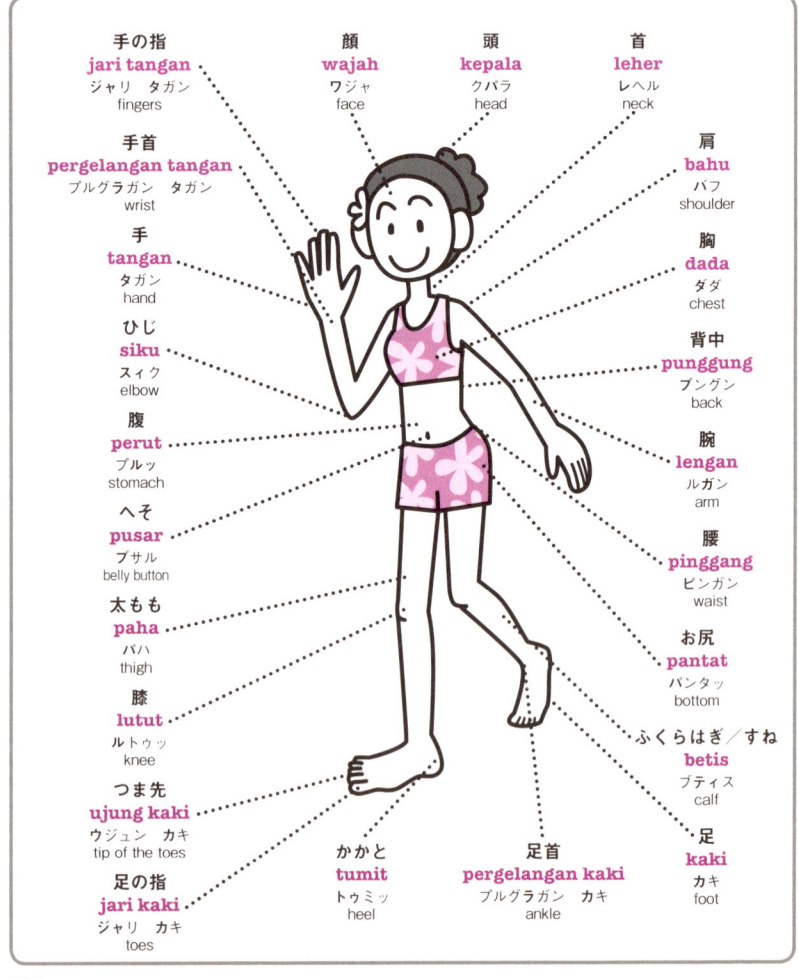

手の指 / **jari tangan** / ジャリ タガン / fingers

手首 / **pergelangan tangan** / プルグラガン タガン / wrist

手 / **tangan** / タガン / hand

ひじ / **siku** / スィク / elbow

腹 / **perut** / プルッ / stomach

へそ / **pusar** / プサル / belly button

太もも / **paha** / パハ / thigh

膝 / **lutut** / ルトゥッ / knee

つま先 / **ujung kaki** / ウジュン カキ / tip of the toes

足の指 / **jari kaki** / ジャリ カキ / toes

顔 / **wajah** / ワジャ / face

頭 / **kepala** / クパラ / head

かかと / **tumit** / トゥミッ / heel

足首 / **pergelangan kaki** / プルグラガン カキ / ankle

首 / **leher** / レヘル / neck

肩 / **bahu** / バフ / shoulder

胸 / **dada** / ダダ / chest

背中 / **punggung** / プングン / back

腕 / **lengan** / ルガン / arm

腰 / **pinggang** / ピンガン / waist

お尻 / **pantat** / パンタッ / bottom

ふくらはぎ／すね / **betis** / ブティス / calf

足 / **kaki** / カキ / foot

日本語	Indonesian	カタカナ	English
眉毛	alis	アリス	eyebrow
おでこ	dahi	ダヒ	forehead
耳	telinga	トゥリガ	ear
髪	rambut	ランブッ	hair
目	mata	マタ	eye
鼻	hidung	ヒドゥン	nose
まつ毛	bulu mata	ブル マタ	eyelash
口ひげ	kumis	クミス	moustache
頬	pipi	ピピ	cheek
歯	gigi	ギギ	teeth
舌	lidah	リダ	tongue
唇	bibir	ビビル	lip
のど	tenggorokan	トゥンゴロカン	throat
あごひげ	janggut	ジャングッ	beard
あご	dagu	ダグ	chin
口	mulut	ムルッ	mouth
皮膚	kulit	クリッ	skin
骨	tulang	トゥラン	bone
関節	sendi	スンディ	joint
小便	buang air kecil	ブアン アイル クチル	urine
大便	buang air besar	ブアン アイル ブサル	faeces
おなら	kentut	クントゥッ	gas
便秘	sembelit	スンブリッ	constipation
鼻水	ingus	イグス	runny nose
鼻血	mimisan	ミミサン	bloody nose
汗	keringat	クリガッ	sweat
つば	air ludah	アイル ルダ	saliva
涙	air mata	アイル マタ	tear
小指	jari kelingking	ジャリ クリンキン	pinky finger
薬指	jari manis	ジャリ マニス	ring finger
爪	kuku	クク	nail
中指	jari tengah	ジャリ トゥガ	middle finger
人差し指	jari telunjuk	ジャリ トゥルンジュッ	index finger
親指	jempol	ジュンポル	thumb
手のひら	telapak tangan	トゥラパッ タガン	palm
左手	tangan kiri	タガン キリ	left hand
右手	tangan kanan	タガン カナン	right hand

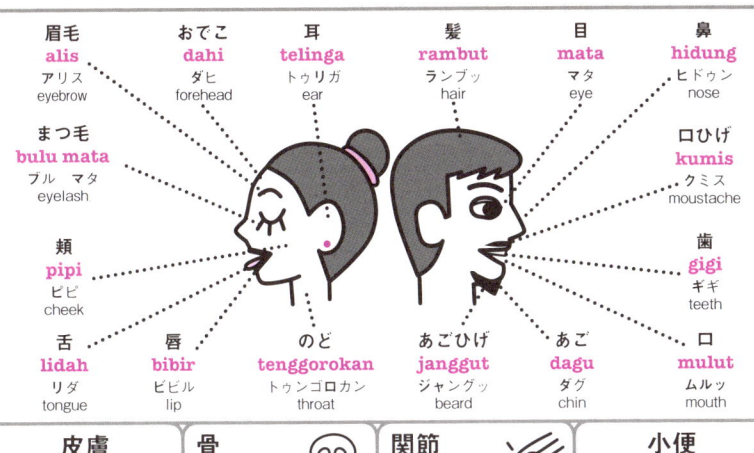

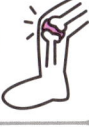

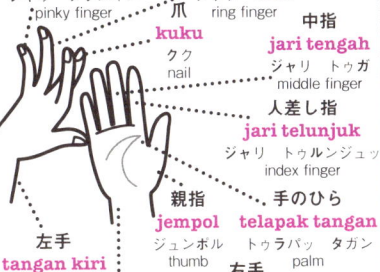

使える！ワードバンク 内臓編

脳	otak	オタッ
心臓	jantung	ジャントゥン
肺	paru-paru	パルパル
胃	lambung	ランブン
肝臓	hati	ハティ
小腸	usus kecil	ウスス クチル
大腸	usus besar	ウスス ブサル
盲腸	usus buntu	ウスス ブントゥ
腎臓	ginjal	ギンジャル
すい臓	pankreas	パンクレアス
みぞおち	ulu hati	ウル ハティ
筋肉	otot	オトッ

病気、ケガ

Penyakit, Luka
プニャキッ　ルカ
Illness, Injury

病院に連れて行ってください
Tolong antarkan saya ke rumah sakit.
トロン　アンタルカン　サヤ　クルマ　サキッ
Please take me to the hospital.

(指を指して) ここが痛いです
Sakitnya di sini.
サキッニャ　ディ　スィニ
It hurts right here.

下痢をしています
Diare.
ディアレ
I have diarrhea.

熱があります
Demam.
ドゥマム
I have a fever.

吐き気がします
Mual.
ムアル
I feel nauseous.

寒気がします
Kedinginan.
クディギナン
I have a chill.

息苦しいです
Sesak napas.
スサッ　ナパス
It's hard to breathe.

風邪 **masuk angin** マスッ　アギン cold	食あたり **keracunan makanan** クラチュナン　マカナン food poisoning	消化不良 **gangguan pencernaan** ガングアン　プンチュルナアン indigestion	腸チフス **tifus** ティフス typhoid fever
コレラ **kolera** コレラ cholera	肺炎 **radang paru-paru** ラダン　パルパル pneumonia	発疹 **bintil-bintil** ビンティルビンティル rash	虫さされ **gigitan serangga** ギギタン　スランガ bug bites
ねんざ **keseleo** クスレオ sprain	骨折 **patah tulang** パタ　トゥラン broken bone	やけど **luka bakar** ルカ　バカル burn	脱水症状 **dehidrasi** デヒドゥラスィ dehydration symptom

アレルギー体質です **Saya ada alergi.** サヤ　アダ　アレルギ I have allergies.	海外旅行保険に入ってます **Saya punya asuransi perjalanan.** サヤ　プニャ　アスランスィ　プルジャラナン I have traveller's insurance.

妊娠中 **hamil** ハミル (I am) pregnant.	生理中 **sedang mens** スダン　メンス (my) period	高血圧 **tekanan darah tinggi** トゥカナン　ダラ　ティンギ high blood pressure	糖尿病 **penyakit gula** プニャキッグラ diabetes

日本語（英語）のできる医者はいますか？
Ada dokter yang bisa bahasa Jepang (Inggris)?
アダ ドクトゥル ヤン ビサ バハサ ジュパン（イングリス）
Is there a doctor here who can speak Japanese (English)?

どうしましたか？
Bagaimana keadaannya?
バゲマナ クアダアンニャ
What's wrong?

処方箋を出します
Saya buat resepnya.
サヤ ブアッ レセッ(プ)ニャ
I'll give you a prescription.

お腹を見せてください
Coba lihat perut Anda.
チョバ リハッ プルッ アンダ
Show me your stomach, please.

注射 **suntik** スンティッ injection	点滴 **infus** インフス intravenous drip	湿布 **koyok** コヨッ compress	手術 **operasi** オペラスィ surgery
風邪薬 **obat masuk angin** オバッ マスッ アギン cold medicine	解熱剤 **obat penurun panas** オバッ プヌルン パナス anti-pyretic	鎮痛剤 **obat antinyeri** オバッ アンティニュリ painkiller	消毒 **steril** ステリル sterilization
下痢止めの薬 **antidiare** アンティディアレ anti-diarrhea medicine	抗生物質 **antibiotik** アンティビオティッ antibiotic	座薬 **obat wasir** オバッ ワスィル suppository	入院 **opname** オブナム admission
薬は何回飲むのですか？ **Obatnya diminum berapa kali?** オバッニャ ディミヌム ブラパ カリ How often do I take the medicine?		1日2回 **dua kali sehari** ドゥア カリ スハリ Twice a day.	薬局 **apotek** アポテッ pharmacy
食前 **sebelum makan** スブルム マカン before meals	食間 **di antara makan** ディ アンタラ マカン between meals		
食後 **sesudah makan** ススダ マカン after meals	薬を服用する **minum obat** ミヌム オバッ take medicine		

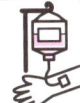

使える！ワードバンク 病院編

病院	**rumah sakit**	ルマ サキッ
医師	**dokter**	ドクトゥル
看護師	**perawat**	プラワッ
検温	**pengukuran suhu badan**	プングクラン スフ バダン
尿検査	**pemeriksaan urine**	プムリクサアン ウリネ
検便	**pemeriksaan feses**	プムリクサアン フェセス
レントゲン検査	**pemeriksaan rontgen**	プムリクサアン ロンスン

事故、トラブル

Kecelakaan , Kesulitan
クチェラカアン　クスリタン
Accidents, Trouble

お金を盗まれました
Uang saya dicuri.
ウアン　サヤ　ディチュリ
My money was stolen.

パスポートをなくしました
Paspor saya hilang.
パスポル　サヤ　ヒラン
I lost my passport.

財布
dompet
ドンペッ
wallet

クレジットカード
kartu kredit
カルトゥ　クレディッ
credit card

カメラ
kamera
カメラ
camera

ビデオカメラ
kamera video
カメラ　フィデオ
video camera

メガネ
kacamata
カチャマタ
glasses

航空券
tiket pesawat
ティケッ　プサワッ
airplane ticket

バッグ
tas
タス
bag

スーツケース
kopor
コポル
suitcase

警察（救急車／医者）を呼んでください
Tolong panggil polisi (ambulans/dokter).
トロン　パンギル　ポリスィ　（アンブランス／ドクトゥル）
Please call the police (ambulance/doctor)!

事故証明書を作成してください
Tolong buat surat keterangan kecelakaan.
トロン　ブアッ　スラッ　クトゥラガン　クチェラカアン
Please make out an incident report for me.

日本語（英語）が話せる方はいませんか？
Ada orang yang bisa bahasa Jepang (Inggris)?
アダ　オラン　ヤン　ビサ　バハサ　ジュパン　（イングリス）
Is there anyone here who speaks Japanese (English)?

日本総領事館に連絡したいのですが
Saya mau hubungi Konsulat Jenderal Jepang.
サヤ　マウ　フブンギ　コンスラッ　ジュンデラル　ジュパン
I would like to contact the Japanese Consulate.

交通事故に遭いました
Saya kena kecelakaan lalu lintas.
サヤ クナ クチュラカアン ラル リンタス
I had a traffic accident.

火事 — **kebakaran** — クバカラン — fire

洪水 — **banjir** — バンジル — flood

セクハラ — **pelecehan seksual** — プレチェハン セクスアル — sexually abused

だまされた — *Tertipu.* — トゥルティプ — I was tricked.

盗まれた — **Dicuri.** — ディチュリ — ○ was stolen.

すられた — **Dicopet.** — ディチョペッ — I was pickpocketed.

強盗に遭った — **Dirampok.** — ディランポッ — I was robbed.

ひったくられた — **Dijambret.** — ディジャンブレッ — My ○ was snatched.

脅された — **Diancam.** — ディアンチャム — I was threatened.

弁償してください — **Tolong ganti rugi.** — トロン ガンティ ルギ — I would like to be compensated.

車にはねられました — **Tertabrak mobil.** — トゥルタブラッ モビル — I was hit by a car.

私は悪くありません — **Itu bukan kesalahan saya.** — イトゥ ブカン クサラハン サヤ — I did nothing wrong.

携帯電話を貸してもらえますか？ — **Boleh pinjam HP-nya?** — ボレ ピンジャム ハーペーニャ — Could you lend me your mobile phone?

緊急フレーズ

助けて！ — **Tolong!** — トロン — Help!

やめて！ — **Hentikan!** — フンティカン — Stop that!

危ない！ — **Awas!** — アワス — That's dangerous!

離して！ — **Lepaskan!** — ルパスカン — Let me go!

出て行け！ — **Keluar!** — クルアル — Get away from me!

かまわないで！ — **Jangan ganggu!** — ジャガン ガング — Don't touch me!

ドロボウ！ — **Pencuri!** — プンチュリ — Thief!

捕まえて！ — **Tangkap!** — タンカッ（プ） — Catch them!

開けて！ — **Buka!** — ブカ — Open up!

column ～インドネシア語マスターへの道～

バリ人が信じていること

儀礼に大忙しの毎日

「神々の島」で知られるバリ島では、毎日のように儀礼が執り行われている。各寺院では210日ごとにオダラン（→P72）が行われ、各家庭では赤ん坊の生後6カ月の祝い、成人式にあたるポトンギギ（削歯儀礼）、火葬などの様々な人生の各段階における通過儀礼が行われる。バリ人が儀礼に費やす時間や費用は計りしれない。道を歩いていると、お供え物を頭に載せて運ぶ正装した女性の姿や、"ADA UPACARA（儀礼中）"の看板が置かれて交通規制がなされているのをしばしば目にすることだろう。

バリ人が信仰しているのは、ヒンドゥー教とバリ独特の民間信仰が融合したバリ・ヒンドゥー。信仰心の厚い彼らにとって、最も大事なものは神様だ。今日では観光用に披露される踊りやガムランも、本来は儀礼、つまり神々のためのものだ。そのため、盛大な儀礼があると、仕事もそっちのけで準備にいそしむ。儀礼当日は会社を休み、デートの約束だってもちろんキャンセル。神様は、仕事よりも恋人よりも何よりも最優先されるのである。

小さなお供え物

色とりどりの花などが盛られたヤシの葉で作った四角い皿。店の前、交差点、車の中など、バリを旅すると必ず目にするのが、チャナンとよばれるお供え物だ。バリでは、毎日、様々なお供え物が作られている。

四角に小さく切ったバナナの葉にご飯やココナツフレークを載せた毎朝のお供え物はバントゥン・サイバンという。各家の屋敷内の寺院はもとより、門の前、竈、井戸、庭などあらゆるところに置かれている。

お供え物作りは主婦の仕事。毎日、大量に作るため、主婦にとって最も時間のかかる仕事といえよう。だが、最近では共働きなどで忙しい主婦が増え、市場でお供え物を買う人も多くなった。

チャナンは、毎日、聖水をふりかけて線香と一緒に供えられるが、掃除の際には捨てられる。その間、お供え物は放ったらかし。犬やニワトリが米粒を食べようとお構いなしである。だから、散歩中にうっかり踏んづけても神様は怒ったりしないのでご安心を。

バリ人の方位観

バリ人の生活と切り離せないものに、バリ・ヒンドゥーの方位観がある。上方＝聖は聖峰アグン山の方向で、下方＝不浄はアグン山と反対の方向となる海を指す。寺院や家屋も、どの方位にどの建物を配置するかは、この方位観に従って決められる。

バリ人にはこのような方位観がしっかり身に付いているので、道を尋ねると「右、左」ではなく、「北、南」など方位で答えるのもうなずける。近年、海沿いの南部ビーチリゾート開発を急速に進めることができたのも、バリ人にとっては聖なる場所ではなかったおかげかもしれない。

私の国を紹介します

日本の紹介

日本の地理	112
日本の一年	114
日本の文化	116
日本の家族	118
日本の料理	120
日本の生活	122
〈コラム〉コミュニケーションのツボ	124

日本の地理

Geografi Jepang
ゲオグラフィ ジュパン
Geography in Japan

日本列島は4つの大きな島(北海道、本州、四国、九州)と大小約7000もの島々から成り立っている。

Kepulauan Jepang terdiri dari 4 pulau besar (Hokkaido, Honshu, Shikoku, Kyushu) dan sekitar 7.000 pulau kecil.

私は○○で生まれました。
Saya lahir di ○○.
サヤ ラヒル ディ ○○
I was born in ○○.

日本の山 高さベスト3　3 Gunung Tertinggi di Jepang

1	富士山	3,776m	Fujisan 3.776 m
2	北岳	3,192m	Kitadake 3.192 m
3	奥穂高岳	3,190m	Okuhodakadake 3.190 m

三名城　3 Puri Terkenal di Jepang

姫路城（兵庫）Puri Himeji (Hyogo)
松本城（長野）Puri Matsumoto (Nagano)
熊本城（熊本）Puri Kumamoto (Kumamoto)

日本三景　3 Pemandangan Indah di Jepang

天橋立（京都）Amanohashidate (Kyoto)
厳島神社（広島）Kuil Itsukushima (Hiroshima)
松島（宮城）Matsushima (Miyagi)

中国 Chugoku
- 滋賀 Shiga
- 石川 Ishikawa
- 京都 Kyoto
- 福井 Fukui
- 島根 Shimane
- 鳥取 Tottori
- 山口 Yamaguchi
- 岡山 Okayama
- 広島 Hiroshima
- 兵庫 Hyogo
- 岐阜 Gifu

九州 Kyushu
- 佐賀 Saga
- 福岡 Fukuoka
- 長崎 Nagasaki
- 大分 Oita
- 熊本 Kumamoto
- 鹿児島 Kagoshima
- 宮崎 Miyazaki

沖縄 Okinawa

四国 Shikoku
- 愛媛 Ehime
- 香川 Kagawa
- 徳島 Tokushima
- 高知 Kochi

近畿 Kinki
- 大阪 Osaka
- 和歌山 Wakayama
- 奈良 Nara
- 三重 Mie
- 愛知 Aichi

私の国を紹介します。
Mengenal Negara Jepang

北海道
Hokkaido

青森
Aomori

東北
Tohoku

秋田
Akita

岩手
Iwate

富山
Toyama

山形
Yamagata

宮城
Miyagi

新潟
Niigata

福島
Fukushima

群馬
Gunma

栃木
Tochigi

茨城
Ibaraki

長野
Nagano

山梨
Yamanashi

埼玉
Saitama

千葉
Chiba

東京
Tokyo

神奈川
Kanagawa

関東
Kanto

静岡
Shizuoka

中部
Chubu

[世界遺産] Warisan Dunia

日本にあるユネスコの世界遺産は、2009年2月現在、14物件あります。
Di Jepang terdapat 14 Warisan Dunia versi UNESCO, per Februari 2009.

- ●知床（北海道、2005/自）Shiretoko
- ●白神山地（青森、秋田、1993/自）Pegunungan Shirakami
- ●日光の社寺（栃木、1999/文）Kuil dan Candi Nikko
- ●白川郷・五箇山の合掌造り集落（岐阜・富山、1995/文）
  Desa Bersejarah Shirakawa-go dan Gokayama
- ●古都京都の文化財（京都・滋賀、1994/文）
  Peninggalan Bersejarah Kyoto Kuno
- ●古都奈良の文化財（奈良、1998/文）
  Peninggalan Bersejarah Nara Kuno
- ●法隆寺地域の仏教建造物（奈良、1993/文）
  Bangunan Buddha di daerah Kuil Horyuji
- ●紀伊山地の霊場と参詣道（三重、奈良、和歌山、2004/文）
  Tempat suci dan rute ziarah Pegunungan Kii
- ●姫路城（兵庫、1993/文）Puri Himeji
- ●原爆ドーム（広島、1996/文）
  Monumen Perdamaian Hiroshima〈Kubah Atom〉
- ●厳島神社（広島、1996/文）
  Kuil Itsukushima
- ●石見銀山とその文化的景観（島根、2007/文）
  Situs Tambang Perak Iwami dan Lanskap Budayanya
- ●屋久島（鹿児島、1993/自）Yakushima
- ●琉球王国のグスク及び関連遺跡群（沖縄、2000/文）
  Situs Gusuku dan Peninggalan Bersejarah Kerajaan Ryukyu

※ （ ）内は所在地、登録年、文＝文化遺産、自＝自然遺産

日本の一年

Jepang dalam Setahun
ジュパン　ダラム　スタウン
One year of Japan

日本には4つの季節"四季（Shi-ki）"があり、それぞれの季節とその移り変わりを楽しむ行事がある。

Di Jepang ada 4 musim yang disebut "Shiki", di dalamnya terdapat berbagai perayaan untuk menikmati perubahan musim.

日本は今、○○の季節です。
Di Jepang sekarang musim ○○.
ディ　ジュパン　スカラン　ムシム　○○
It is now ○○ in Japan.

[七夕(7月7日)]
Tanabata (7 Juli)

中国の伝説から始まった行事。折り紙や色紙で笹を飾り付け、家の庭などにたてる風習が残っている。また、願いごとを書いた紙を笹に飾ると願いが叶う、といわれている。

Perayaan yang berasal dari sebuah legenda di China. Rumpun bambu dihiasi kertas origami atau kertas berwarna dan diletakkan di halaman. Orang Jepang percaya bahwa keinginan yang ditulis di kertas pada bambu itu akan terkabul.

[端午の節句(5月5日)]
Tango no sekku (5 Mei)

男児の健やかな成長と幸せを願う祝日。男児がいる家庭では、鯉のぼりを揚げ、武者人形や鎧兜を飾る。

Perayaan untuk mendoakan pertumbuhan, kesehatan, serta kebahagiaan anak laki-laki. Keluarga yang memiliki anak laki-laki memasang bendera ikan koi serta memajang boneka samurai dan baju baja.

[花見] Hanami

桜の満開時期になると、職場仲間や友人、家族で公園などに出かけ、桜の木の下で食事をしたり、酒を飲んだりする。

Saat sakura bermekaran, orang Jepang menikmati keindahan sakura di taman bersama keluarga, teman, atau rekan sekerja sambil makan-makan atau minum sake di bawah pohon sakura.

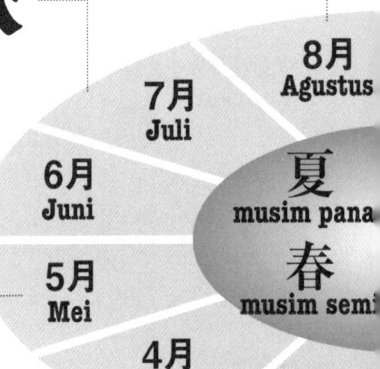

- 8月 Agustus
- 7月 Juli
- 6月 Juni
- 5月 Mei
- 4月 April
- 3月 Maret

夏 musim panas
春 musim semi

[ひな祭り(3月3日)]
Hina Matsuri (3 Maret)

女児の健やかな成長と幸運を願〔う行〕事。ひな人形を飾り、桃の花や白〔酒、〕ひし餅、ひなあられを供える。

Perayaan untuk mendoakan pertumb〔uhan,〕 kesehatan, serta kebahagiaan 〔anak〕 perempuan. Pada hari tersebut boneka 〔hina〕 dipajang, selain itu bunga persik, 〔sake〕 putih, kue mochi, dan kue *hina* 〔arare〕 dijadikan sesajen.

[盆] Bon

7月13〜15日、または8月13〜15日に帰ってくる祖先の霊を迎えて慰めるため、さまざまな行事を行う。都会に住む人も故郷に帰って、墓に花を供えるなどして祖先の霊を供養する。

Banyak kegiatan yang dilakukan untuk menyambut dan mendoakan arwah leluhur, yang kembali pada 13-15 Juli atau 13-15 Agustus. Orang yang tinggal di kota pulang ke kampung halamannya dan menghormati arwah leluhurnya dengan cara meletakkan bunga di makam.

[月見(9月中旬)] Tsukimi (pertengahan September)

月を鑑賞する行事を月見という。9月中旬頃の満月を特に「十五夜」とよび、月見だんごや果物、秋の七草を供える。

Tsukimi adalah kegiatan menikmati keindahan bulan. Bulan purnama pada pertengahan September disebut "Malam 15". Pada malam tersebut disajikan kue tsukimi dango, buah-buahan, dan 7 tanaman musim gugur.

私の国を紹介します。
Mengenal Negara Jepang

[クリスマス(12月25日)] Natal (25 Desember)

日本ではクリスマスは宗教色が薄く、家族や友人、恋人達が絆を確かめあう行事であることが多い。

Perayaan Natal di Jepang tidak terlalu terkait dengan agama. Orang Jepang merayakan Natal untuk mempererat hubungan dengan keluarga, teman, atau kekasih.

[大晦日(12月31日)] Omisoka (31 Desember)

大晦日の夜には、家族揃ってテレビで歌番組を見てすごす。また、家族揃ってそばを食べることによって、健康と長寿を願う。

Pada malam Omisoka, anggota keluarga berkumpul dan menonton acara musik di televisi. Orang Jepang juga memakan soba untuk memohon kesehatan serta umur panjang.

[正月] Shogatsu

1年の最初の月のことだが、1月1〜7日を指すことが多い。古来より、正月の行事は盆とともに重要なものとされている。

Artinya adalah bulan permulaan tahun. Namun biasanya dirayakan antara tanggal 1-7. Sejak zaman dahulu Shogatsu, seperti halnya Obon, merupakan perayaan yang penting bagi orang Jepang.

9月 eptember
10月 Oktober
11月 November
12月 Desember
1月 Januari
2月 Februari

秋 usim gugur
冬 usim dingin

[節分(2月3日)] Setsubun (3 Februari)

「鬼は外」「福は内」とかけ声をかけながら、鬼役の人に向かってマメを投げる。邪悪なものや不幸を家の外に追い払い、福を呼び込む意味がある。

Sambil meneriakkan "Setan di luar!" dan "Kebahagiaan di dalam!", orang Jepang melempari kacang ke orang yang berperan sebagai setan. Artinya, mengusir keburukan dan ketidakberuntungan, dan memanggil kebahagiaan.

[バレンタインデー(2月14日)] Hari Valentine (14 Februari)

女性から男性にチョコレートを贈るのが一般的。贈り物をもらった男性は3月14日のホワイトデーにお返しをする。

Pada umumnya, perempuan menghadiahkan cokelat kepada laki-laki. Laki-laki yang menerima hadiah tersebut akan membalas pada White Day, 14 Maret.

115

日本の文化

Budaya Jepang
ブダヤ ジュパン
Culture of Japan

> ○○を知ってますか？
> *Apakah Anda tahu tentang* ○○?
> アパカ　アンダ　タウ　トゥンタン　○○
> Do yo know ○○?

[着物] Kimono

着物は和服ともよばれる日本の伝統的衣服。江戸時代までは日常着だった。洋服が普及してからは礼服として冠婚葬祭や茶道の席で着ることが多い。

Kimono merupakan pakaian tradisional khas Jepang. Merupakan pakaian sehari-hari sampai Zaman Edo. Sejak penggunaan pakaian ala barat meluas, kimono menjadi busana resmi yang sering digunakan pada acara-acara penting, upacara minum teh, dsb.

[浮世絵] Ukiyoe

浮世絵は江戸時代に発達した風俗画。15〜16世紀には肉筆の作品が中心だったが、17世紀後半、木版画の手法が確立され、大量生産が可能になると、庶民の間に急速に普及した。

Ukiyoe adalah lukisan genre yang berkembang pada Zaman Edo. Pada abad 15-16 lebih banyak karya yang ditulis sendiri oleh pelukisnya. Namun pada pertengahan abad 17, metode cukilan kayu berkembang dan gambar cetakan ukiyoe meluas dengan pesat ke kalangan rakyat.

[短歌と俳句] Tanka dan Haiku

短歌は日本独特の和歌の一形式で、五七五七七の五句31音で構成される。俳句は五七五の三句17音の詩。この短い形式の中に美しい言葉で季節や自分の気持ちを詠み込む。

Tanka merupakan salah satu bentuk puisi khas Jepang sepanjang 5 baris dengan total 31 suku kata, dan berpola rima 5-7-5-7-7. Sementara Haiku adalah puisi 3 baris, 17 suku kata, dengan rima 5-7-5. Di dalam bentuk puisi pendek ini tertulis kata-kata indah tentang musim dan ungkapan perasaan penulis.

[盆栽] Bonsai

盆栽は、鉢に植えた小さな木を自然界にあるような大木の形に整え、その姿を楽しむ植物の芸術作品。木の姿だけでなく、鉢も鑑賞の対象となる。

Bonsai merupakan seni menanam pohon kecil di dalam pot yang dibentuk menyerupai pohon besar, lalu dinikmati bentuknya. Keindahan potnya sendiri juga dapat dikagumi.

[生け花] Ikebana

生け花は草花や花を切り取り、水を入れた花器に挿して鑑賞する日本独特の芸術。もとは仏前に花を供えるところから始まったが、室町時代（14〜16世紀）には立花として流行し、江戸時代になると茶の湯とともに一般に普及した。

Ikebana adalah keterampilan merangkai bunga khas Jepang, yakni menata tumbuhan kembang atau bunga ke dalam vas berisi air, lalu menikmati hasilnya. Awalnya merupakan persembahan kepada Budha, tetapi pada Zaman Muromachi (abad 14-16) populer sebagai rikka (gaya bunga tegak), dan pada Zaman Edo semakin merakyat bersamaan dengan cha no yu (upacara minum teh).

[茶の湯] Cha no yu

茶の湯は、16世紀ごろ千利休が大成した。彼は禅の精神を取り入れ、簡素と静寂を旨とする日本独特の「わび」の心を重んじた。さどう、ちゃどうともよばれる。

Cha no yu (upacara minum teh) disempurnakan oleh Sennorikyu. Ia mengambil jiwa Zen, dan menghormati hati yang "sunyi" berdasarkan prinsip kesederhanaan dan kesunyian. Cha no yu juga dikenal dengan nama sado dan chado.

[歌舞伎] Kabuki

江戸時代に生まれた日本独特の演劇芸術。1603年、出雲大社の巫女だった女性たちによって京都で興行したのが始まりといわれている。風紀を乱すということから禁止されたが、その後、徳川幕府により成人男子が真面目な芝居をすることを条件に野郎歌舞伎が許された。現在の歌舞伎は男性のみで演じられる。★

Merupakan seni teater khas Jepang yang lahir pada Zaman Edo. Awalnya dipagelarkan di Kyoto oleh para biksu wanita dari Izumo Taisha. Sempat dilarang dengan alasan merusak moral rakyat. Namun pada Zaman Shogun Tokugawa diizinkan kembali dengan syarat dimainkan oleh laki-laki dewasa secara profesional. Saat ini teater Kabuki hanya dimainkan oleh laki-laki.

[文楽] Bunraku

日本の伝統的な人形芝居、人形浄瑠璃（義太夫節）という独特の歌謡に合わせて演じられる。人形浄瑠璃が成立したのは1600年前後といわれ、主に大阪を中心に発展してきた。★

Merupakan teater boneka tradisional Jepang, dimainkan dengan iringan balada khas bunraku (gidayu). Teater bunraku muncul sekitar tahun 1600, dan berkembang terutama di Osaka.

[能・狂言] Noh dan Kyogen

室町時代初期（14世紀）に出来上がった歌舞劇で、二人から数人で、華麗な衣装と仮面をつけて演じる古典芸能。狂言は、ユーモアにあふれたセリフ主体の劇である。★

Merupakan teater musikal yang muncul pada awal Zaman Muromachi (abad ke-14), menampilkan hiburan klasik yang dimainkan dua orang atau lebih yang mengenakan pakaian mewah dan topeng. Lakonnya banyak berisi dialog humor.

私の国を紹介します。
Mengenal Negara Jepang

[相撲] Sumo

土俵とよばれる丸いリングの中で2人が組み合い、相手を土俵の外に出すか、地面に倒した方が勝ち。古くから相撲は神の意志を占う役割があったが、8世紀ごろの、天皇に見せる節会相撲が始まり。現在は日本の国技として人気を集め、外国人力士も増加中。

Dua pesumo berlaga di atas dohyo (ring), pemenangnya adalah yang berhasil mendorong lawan keluar dari dohyo atau menjatuhkannya ke tanah. Dulu sumo berfungsi untuk meramal keinginan dewa, tetapi sejak abad ke-8, sumo berubah fungsi menjadi pertandingan musiman untuk dipertunjukkan kepada kaisar. Saat ini sumo populer sebagai olahraga nasional Jepang, dan pesumo asing pun banyak bermunculan.

[柔道] Judo

日本に古くからあった柔術という格闘技を、19世紀に嘉納治五郎がスポーツとして改良したもの。体と精神の両方を鍛えることを目的としている。

Merupakan seni bela diri tradisional Jepang yang mulanya menitikberatkan pada perkelahian. Namun pada abad ke-19, Jigoro Kano menyempurnakannya menjadi sebuah cabang olahraga. Tujuannya mendisiplinkan jiwa dan raga.

[剣道] Kendo

剣を使って心身を鍛える道。武士の時代には相手を倒すための武術だったが、現在では面、胴、小手などの防具をつけ、竹刀で相手と打ち合う。

Jalan menggembleng jiwa raga menggunakan pedang. Pada zaman samurai, kendo merupakan seni bela diri untuk menjatuhkan lawan, tetapi saat ini pemain kendo bertanding memakai pelindung muka, tubuh, dan lengan, serta bersenjatakan bilah bambu.

★歌舞伎、能楽、人形浄瑠璃文楽は、ユネスコの世界無形文化遺産に登録されている

日本の家族

Keluarga Jepang
クルアルガ　ジュパン
Family in Japan

生を受け、その生涯を終えるまでに、自分の家族の幸せや長寿を願い、さまざまな行事が行われる。

Sejak lahir sampai akhir hayatnya, orang Jepang melakukan berbagai macam upacara untuk memohon umur panjang dan kebahagiaan bagi diri sendiri dan keluarga.

誕生日おめでとう！
Selamat ulang tahun.
スラマッ　ウラン　タウン
Happy birthday to you!

ありがとう！
Terima kasih.
トゥリマ　カスィ
Thank you!

[結婚式] Kekkon shiki

決まった宗教を持たない人が多い日本では、結婚式の形式も特定の宗教に捕われないことが多い。古来より神前結婚式が多数を占めていたが、最近はキリスト教式の結婚式を選ぶ人も多い。

Banyak orang Jepang yang tidak memeluk agama tertentu. Dahulu Kekkon shiki (upacara pernikahan) banyak diadakan di kuil Shinto, tetapi sekarang banyak yang memilih untuk melangsungkan pernikahan di gereja.

男性25、42、61歳
女性19、33、37歳 ※3

男性32.0歳、女性29.6歳
（平均婚姻年齢）※1

60歳

[還暦] Kanreki

一定の年齢に達した高齢者に対し、長寿のお祝いをする。例えば、数え年での61歳を還暦といい、家族が赤い頭巾やちゃんちゃんこを贈る風習がある。

Dirayakan saat seseorang memasuki usia lanjut tertentu. Misalnya, saat mencapai usia 61 tahun (menurut perhitungan kuno karena usia nol tahun dianggap satu tahun), ada kebiasaan keluarga menghadiahkan tutup kepala dan rompi kimono berwarna merah.

[厄年] Yakudoshi

厄年とは病気や事故、身内の不幸といった災いが降りかかりやすい年齢のこと。社寺に参って、厄払いの祈願をすることが多い。

Yakudoshi adalah usia yang mudah tertimpa kemalangan seperti jatuh sakit, kecelakaan, ketidakberuntungan, dll. Banyak yang mengunjungi kuil dan berdoa untuk menolak bala.

男性79.0歳、女性85.8歳
（平均寿命）※2

[葬式] Soshiki

日頃あまり宗教的ではない日本人も、葬式においては多分に宗教的である。そのほとんどが仏教式。

Walaupun dalam kesehariannya orang Jepang tidak beragama, upacara kematian dilaksanakan secara keagamaan, biasanya dengan tata cara Buddha.

[法要] Hoyo

葬式が終わったあとも、死者が往生して極楽に行けるよう、生きている人が供養を行う。初七日、四十九日、一周忌が特に重要とされている。

Setelah upacara kematian seseorang, keluarga yang ditinggalkan mengadakan kenduri supaya arwahnya masuk surga. Orang Jepang sangat memperhatikan peringatan meninggal 7 hari, 49 hari, dan setahun.

※1、2は2006年厚生労働省人口動態統計に拠る

私の国を紹介します。
Mengenal Negara Jepang

[帯祝い] Obi iwai
妊娠して5カ月目の、干支でいう戌の日に、妊婦の実家が腹帯を贈る行事。戌の日に行うのは多産な犬にあやかり、安産を祈ることに由来する。

Pemberian hadiah obi, semacam setagen, pada hari anjing menurut penanggalan shio, oleh keluarga kepada wanita yang telah hamil lima bulan. Hari anjing dipilih karena anjing melambangkan kesuburan, untuk mendoakan kelancaran persalinan.

[お宮参り] Omiya mairi
赤ちゃんの成長を願って、男の子は生後30日目、女の子は生後33日目に神社にお参りする。

Merayakan kelahiran bayi dengan berkunjung ke kuil Shinto untuk memohon kesehatan dalam pertumbuhan. Untuk anak laki-laki dilakukan 30 hari setelah lahir, sedangkan anak perempuan 33 hari.

誕生前 ▶▶▶ 生後30〜33日 ▶▶▶ 3歳 ▶ 5歳 ▶ 7歳

[七五三] Shichi go san
子供の健やかな成長を願って、男の子は3歳と5歳、女の子は3歳と7歳のときに神社にお参りをする。

Berkunjung ke kuil Shinto untuk memohon kesehatan anak dalam pertumbuhan. Untuk anak laki-laki dirayakan pada usia 3 dan 5 tahun, sedangkan anak perempuan usia 3 dan 7 tahun.

◀ 20歳 ◀ 18歳〜 ◀ 16〜18歳 ◀ 6〜15歳
大学／専門学校　　高等学校　　小〜中学校

[成人の日] Seijin no hi
満20歳になった人を成人として認める儀式。1月の第2月曜日に、各地の自治体では記念の式典が行われる。満20歳になると選挙権が得られる。また、飲酒、喫煙も許される。

Upacara pengakuan bahwa seseorang yang telah mencapai usia 20 tahun menjadi dewasa. Dilakukan di tiap daerah otonomi pada hari Senin kedua bulan Januari. Setelah berusia 20 tahun, seseorang berhak memilih dalam pemilu, dan diizinkan minum sake serta merokok.

[進学] Shingaku
幼稚園、小学校、中学校、高校、大学を経て就職するまで、子供の教育に必死になる親は多い。

Sampai seorang anak mendapat pekerjaan, banyak orang tua berupaya keras mendidik anaknya sejak TK, SD, SMP, SMU, hingga Perguruan Tinggi.

現代家族の形態

[核家族] Kaku kazoku
日本で主流になっている家族形態。かつては若年層世帯の多い都市部に多かったが、現在では過疎化の進む地方でも目立つ。 

Bentuk keluarga mayoritas di Jepang masa kini, yakni keluarga inti yang terdiri dari ayah, ibu, dan anak. Dulu banyak terdapat di perkotaan yang didominasi keluarga muda. Namun kini mulai meluas ke daerah yang kurang padat penduduknya.

[共働き] Tomobataraki
結婚をしても、夫と妻の双方が仕事を続ける場合が多く、その場合子供を持たない夫婦をDINKSとよぶ。

Banyak suami istri yang tetap bekerja walaupun telah menikah. Mereka yang tidak memiliki anak disebut DINKS.

[パラサイトシングル] Parasite single
一定の収入があっても独立せず、結婚適齢期を過ぎても親と同居し続ける独身者のことをいう。

Merupakan sebutan bagi kaum lajang yang sudah berpenghasilan, tetapi tidak mau mandiri, dan telah melampaui usia layak menikah, tetapi tetap tinggal bersama orang tua.

※3　厄年は数え年（満年齢に1つ足す）であらわされる

日本の料理
Masakan Jepang
マサカン ジュパン
Dish of Japan

現代の日本では、あらゆる国の料理を楽しむことができるが、ここでは日本の代表的な料理をいくつか紹介する。

Dewasa ini, di Jepang kita dapat menikmati masakan dari berbagai negeri. Di sini akan diperkenalkan beberapa masakan khas Jepang.

いただきます！
Selamat makan.
スラマッ マカン
That's great.

ごちそうさま
Terima kasih atas hidangannya.
トゥリマ カスィ アタス ヒダガンニャ
Thank you.

[刺身] Sashimi

新鮮な魚介類を薄切りにして盛り付けたもの。普通、ワサビを薬味にして醤油につけて食べる。

Hidangan hasil laut mentah yang segar diiris tipis-tipis. Biasanya dimakan dengan wasabi dan kecap asin shoyu.

[すし] Sushi

砂糖を混ぜた酢で調味した飯（すし飯）にさまざまな魚介類を薄切りにして載せたもの。

Makanan berupa irisan tipis berbagai jenis ikan yang diletakkan di atas nasi yang sudah dibumbui cuka manis.

[すき焼き] Sukiyaki

鉄鍋を使い、牛肉の薄切り肉と豆腐、しらたき、野菜などを卓上コンロで煮ながら食べる。

Irisan daging sapi tipis, tahu, mie shirataki, sayur, dan bahan lainnya dimasukkan ke dalam panci di atas meja. Dinikmati sambil terus direbus di atas kompor.

[天ぷら] Tempura

野菜や魚介類に衣をつけて油でからりと揚げた料理。

Sejenis gorengan, yaitu ikan atau sayur yang dibaluri tepung, kemudian digoreng sampai renyah.

[しゃぶしゃぶ] Shabu-shabu

薄く切った牛肉を昆布だしの鍋にくぐらせ、たれにつけて食べる。

Daging sapi yang sudah diiris tipis dicelupkan sebentar ke dalam panci berisi kaldu kombu (semacam rumput laut), lalu dimakan dengan saus.

[鍋もの] Nabemono

大きな鍋で野菜や魚介類などを煮ながら食べる。材料や味付けによってさまざまな鍋がある。

Sayur dan ikan direbus dalam panci besar dan langsung dimakan sambil terus dipanaskan. Ada berbagai macam nabemono sesuai dengan bahan dan bumbunya.

※「いただきます」は食事のはじめに、「ごちそうさま」は食事の終わりに使う。いずれも食事を作ってくれた人への感謝の言葉。

私の国を紹介します。
Mengenal Negara Jepang

[会席料理]
Kaisekiryori

酒宴で出される上等な日本料理。旬の素材が美しく調理され、西洋料理のフルコースのように一品ずつ順に料理が運ばれる。

Masakan Jepang mewah yang dihidangkan waktu acara minum-minum. Bahan makanan dipilih sesuai musim dan ditata dengan cantik. Seperti halnya sajian lengkap ala barat, kaisekiryori dihidangkan satu per satu secara berurut.

[麺類] Menrui

そば粉に小麦粉、水などを加えて練り細く切ったそばと、小麦粉を練って作るうどんは日本の伝統的な麺類。

Soba dan udon adalah mie tradisional Jepang. Soba dibuat dari adonan tepung mie, terigu, dan air, sedangkan udon terbuat dari olahan tepung terigu.

[おでん] Oden

醤油のだし汁で、魚の練り製品や大根、ゆで玉子などを数時間煮込んだもの。

Merupakan masakan berkuah, yakni bahan-bahan seperti produk olahan ikan, lobak, dan telur direbus selama beberapa jam dalam kaldu kecap asin shoyu.

[お好み焼き]
Okonomiyaki

小麦粉に水と卵を加え、その中に野菜、魚介類、肉などを混ぜたものをテーブルにはめ込んだ鉄板で焼いて食べる。

Adonan terigu, air, dan telur yang dicampur dengan sayur, ikan, daging, atau bahan lainnya. Dimasak di atas pelat besi datar yang terpasang pada meja.

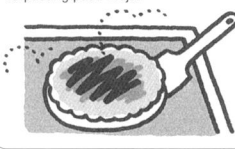

[定食] Teishoku

家庭的なおかずとご飯と味噌汁をセットにしたメニューで、学生から社会人までランチメニューとして人気。

Menu rumahan yang merupakan paket nasi, sup miso dan lauk. Diminati oleh banyak orang dari pelajar sampai pegawai kantoran sebagai hidangan makan siang.

[焼き鳥] Yakitori

一口大に切った鶏肉や牛、豚の臓物を串に刺してあぶり焼きにする。甘辛いたれをつけたものと塩味のものが選べる。

Daging ayam, sapi atau jeroan babi yang dipotong seukuran satu suapan, lalu ditusuk dan dibakar. Terdapat rasa pedas manis dan rasa asin.

食事のマナー
Etiket makan

ご飯、汁物を食べるときは、茶碗、汁椀を胸のあたりまで持ち上げる。
Waktu makan nasi dan kuah, angkat mangkuk sampai setinggi dada.

刺身の盛り合わせや漬物など共用の箸が添えられているものは、その箸を使って少量を自分の皿に取り分ける。
Jika disediakan sumpit bersama pada hidangan sashimi atau acar, gunakan sumpit tersebut untuk mengambil makanan secukupnya dari pinggan besar ke piring sendiri.

汁物をいただくときは椀や器に直接口をつけて静かにいただく。
Waktu makan masakan berkuah, dekatkan mulut pada tepi mangkuk, lalu minum tanpa menimbulkan bunyi.

茶碗のご飯は最後のひと粒まで残さず食べる。食べ終わったら箸をきちんと箸置きにおいて、食べ始めの状態に戻す。
Makan nasi sampai habis. Ketika selesai makan, taruh sumpit kembali pada tempatnya semula.

※ "Itadakimasu." (Selamat makan.) diucapkan sebelum makan, dan "Gochisosama." (Terima kasih atas hidangannya.) diucapkan seusai makan. Keduanya merupakan ungkapan terima kasih kepada orang yang telah menyiapkan hidangan tersebut.

日本の生活
Kehidupan di Jepang
クヒドゥパン ディ ジュパン
Life of Japan

すまい
Tempat tinggal

日本の住居は独立した一戸建てと、複数の住居が一棟を構成する集合住宅とに大別される。地価の高い都心では庭付きの一戸建てに住むのは難しく、マンションなどの集合住宅が人気。

Di Jepang terdapat dua jenis perumahan, yaitu rumah dan kompleks apartemen. Di pusat kota yang mahal harga tanahnya, sulit untuk tinggal di rumah yang dilengkapi halaman, sehingga apartemen lebih populer.

[和室] Washitsu

伝統的な日本特有の部屋。床はイグサで作られた畳を敷き詰め、空間は、紙と木で作られた障子で仕切られている。靴、上履きのような履物は脱いで入る。

Kamar tradisional khas Jepang. Lantainya dialasi tikar yang dibuat dari igusa (semacam jerami) dan disekat dengan shoji yang terbuat dari kertas dan kayu. Alas kaki dilepas saat masuk.

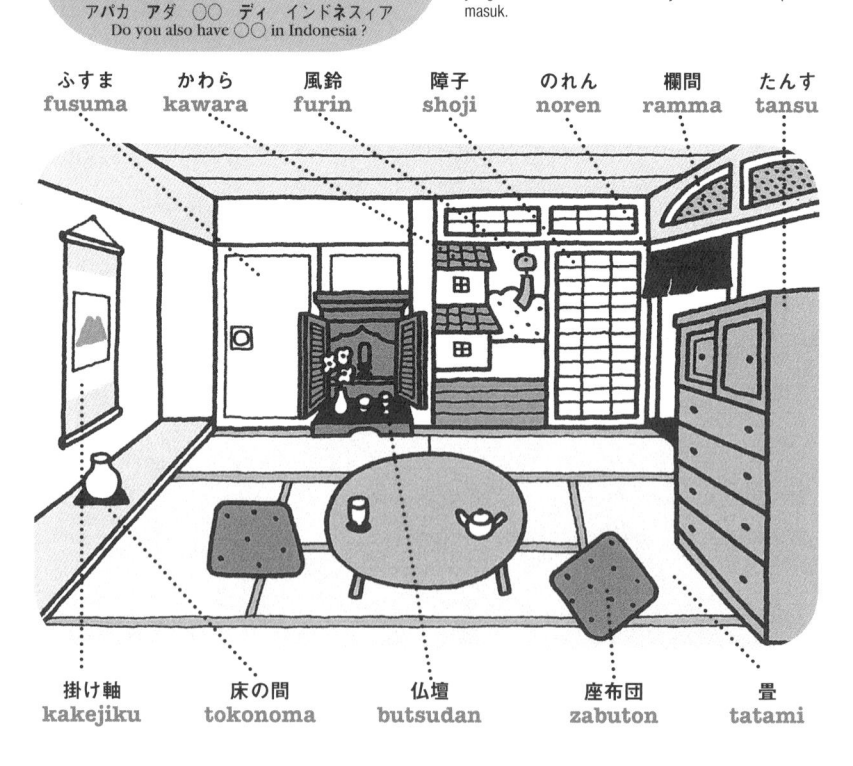

インドネシアにも○○はありますか？
Apakah ada ○○ di Indonesia?
アパカ アダ ○○ ディ インドネシィア
Do you also have ○○ in Indonesia?

- ふすま fusuma
- かわら kawara
- 風鈴 furin
- 障子 shoji
- のれん noren
- 欄間 ramma
- たんす tansu
- 掛け軸 kakejiku
- 床の間 tokonoma
- 仏壇 butsudan
- 座布団 zabuton
- 畳 tatami

娯楽
Hiburan

私の国を紹介します。
Mengenal Negara Jepang

[プリクラ] Purikura

設置された画面を操作しながら写真を撮り、数十秒でシールにできる機械。特に女子学生に人気。

Semacam boks foto. Pengoperasiannya dilakukan sendiri menggunakan layar sentuh, dan dalam hitungan detik keluar foto berbentuk stiker. Populer khususnya di kalangan para siswi.

[カラオケ] Karaoke

街のいたるところにカラオケ店があり、老若男女に楽しまれている。

Terdapat di hampir setiap sudut kota dan digemari oleh semua orang, baik tua muda maupun lelaki perempuan.

[パチンコ] Pachinko

パチンコは、大人向けの娯楽の代表である。18歳以上。機種ごとにルールは異なる。玉がたくさんたまったら景品に交換できる。

Pachinko adalah tempat permainan ketangkasan untuk orang dewasa di atas 18 tahun. Setiap mesin memiliki aturan bermain tersendiri, dan bola logam yang terkumpul dapat ditukar dengan hadiah.

[ゲームセンター] Game Center

さまざまなゲーム機器が揃っている遊技施設。子供だけではなく、学生やサラリーマンが楽しむ姿も多くみられる。

Sarana permainan yang menyediakan berbagai mesin ketangkasan elektronik. Tidak hanya anak-anak, pelajar dan pegawai pun menggemarinya.

[麻雀] Mahyong

1920年代に中国から伝わったゲーム。最初に13個の牌を持ち、トランプのように引いては捨て、を繰り返し、決まった組み合わせを揃える。

Permainan ini masuk dari China pada tahun 1920-an. Mula-mula pemain mahyong memegang 13 buah balok kecil, lalu seperti halnya permainan kartu, pemain tersebut mengambil dan membuang balok berulang-ulang sambil memikirkan kombinasi yang terbaik.

[マンガ喫茶] Manga kissa

一定の料金を支払えば、ドリンクや軽食と共にマンガや雑誌を閲覧できる店。インターネットや仮眠施設を備えているところも多い。

Merupakan tempat membaca komik dan majalah sambil minum atau mengudap, dengan membayar sejumlah biaya tertentu. Banyak juga yang menyediakan fasilitas internet dan tempat beristirahat.

[競馬・競輪・競艇] Keiba/Keirin/Kyotei

日本で法的に認められているギャンブル。競馬は国内に点在する競馬場や場外発売所で馬券を購入できる。

Perjudian yang legal secara hukum. Toto kuda dapat dibeli tidak hanya di gelanggang pacuan kuda, tetapi juga di berbagai tempat lainnya.

[温泉] Onsen

世界有数の火山国である日本には温泉が数多くある。泉質によってさまざまな効能があるが、何よりリラックスできるので多くの人が温泉を訪れる。

Banyak pemandian air panas di Jepang, yang termasuk salah satu negara dengan banyak gunung api. Khasiatnya berbeda-beda menurut kualitas sumber airnya, tetapi kebanyakan orang mengunjungi pemandian air panas untuk bersantai.

column ～インドネシア語マスターへの道～

コミュニケーションのツボ

言葉はないが・・・

バリ人は、親しい者同士で挨拶の言葉を交わすことはあまりない。本書でも紹介したバリ語のOm Swastyastu.（→P6）は、最近は日常の挨拶として浸透してきたが、元々は宗教儀礼に使われる「神様のご加護により平穏でありますように」という挨拶。外国人には、インドネシア語の「おはよう」や「こんにちは」などが使われている。

バリ人同士の一般的な挨拶は、目が合ったら眉毛をピクッと上下させてそれでおしまいだ。あごをちょっと突き出すようにする人もいる。もし、バリ人に眉毛をピクッとされたら、同じようにピクッと返してみよう。

また、バリ人におみやげをあげても黙って受け取るだけで、がっかりした人もいるだろう。これは、バリ語には気軽にお礼を述べる「ありがとう」の言葉がないことや、習慣上、喜怒哀楽の感情を表に出すことは、はしたないと見なされるなどの理由による。しかし、心の中では大喜びなので心配ない。

左手と頭はタブー

タブーの1つとして「左手は不浄の手」がある。バリでは左手はトイレで用を足した後、お尻を洗うために使う。だから、握手や物の受け渡し、ご飯を食べるのも全て右手で行われる。どうしても右手がふさがっているなら、「左手でごめんなさい」（Maaf, tangan kiri, ya.マアフ タガン キリ ヤ）と、ひとこと断ればよいだろう。

また、バリ人にとって頭は聖なる部位。たとえかわいい子供がいたとしても、気安く頭をなでたり、触ったりしないように気をつけよう。

あの人もこの人も同じ名前

バリ人に名前を聞くと、「また同じ名前？」ということがよくある。バリでは出生順に付けられる名前があり、それを呼び名としているからだ。名前は男女関係なく、第1子ならワヤンやプトゥ、第2子ならマデ、カデッ、第3子はニョマン、コマン、第4子ならクトゥとなる。第5子は第1子と同じ名前に戻り、以下繰り返しとなる。

覚えやすいが、同じ名前の人がたくさんいるため、「マデを知ってる？」と聞いても、「どこのマデ？」ということになる。出生順の名前の後に個人名をつけるので、バリ人も紛らわしく感じるのか、最近では個人名を呼び名にする人も増えている。

道端の友・ノンクロン

旅行中、道端の木陰で所在なさげに座っている人達をよく目にする。観光客が通るたびに「タクシー？」と声をかけたり、「コンニチハ」と片言の日本語で挨拶したり。たむろして目的もなくただおしゃべりするだけのことをインドネシア語でnongkrong（ノンクロン）と言う。バリ人はこのノンクロンが大好き。主に男性だが、店番をしながらノンクロンしている光景をよく見かける。

バリ島で会話を楽しむための基本情報が満載

知っておこう

バリ島まるわかり ─── 126
インドネシア語が上達する文法講座 ─── 128
バリ島にまつわる雑学ガイド ─── 132
インドネシア語で手紙を書こう！ ─── 135
50音順インドネシア語単語帳（日本語→インドネシア語）─── 136

バリ島まるわかり

バリ島　　　　　　　　　　　　　　　Pulau BALI

あらまし　バリ島　VS　日本

	バリ島（バリ州）	日本
面積	5636.66km²	37万7914.78km²
人口	約331万人（2006年）	約1億2777万3000人（2007年）
国鳥	ガルーダ	キジ
国歌	インドネシア・ラヤ	君が代
州都／首都	デンパサール（人口約73万人、2006年）	東京（人口約1275万8000人、2007年）
国語(公用語)	インドネシア語	日本語

> バリ島は東京都の約2.5倍の広さ

※バリ人同士ではバリ語が使われることが多い

バリ島　旅のヒント

【時差】
日本との時差は1時間遅れ。日本が正午の時、バリ島は午前11時となる。サマータイムはない。

【通貨】
通貨単位はルピアRp.。Rp.120＝1円（2009年1月現在）。

【電圧】
バリ島の電圧は220V、周波数50Hz。プラグは丸ピンチで2つ穴が一般的。日本の100V用電気製品を使う場合は、Cタイプの変圧器と変換アダプターが必要。

【チップ】
本来チップの習慣はないが、欧米客の多いホテルでは普通になってきている。ホテルのポーターやハウスキーパーへのチップは5000ルピア～、チャーター車やガイドを手配した場合は料金の5～10％が目安。レストランでは料金にサービス料が含まれている場合が多いが、含まれない場合はおつりの小銭を置いていくといい。

【郵便】
ポストは数が少なく、集荷が不規則なので、直接郵便局へ投函するか、手数料を支払ってホテルのフロントまたは民間のポスタルサービスへ頼む。日本宛のハガキ8000ルピア～、封書は1万ルピア～。通常1～2週間ぐらいで届く。郵便局は日曜休み。

【トイレ】
旅行者の利用が多いホテルやレストランなどでは水洗式の洋式トイレがある。しかし、寺院や観光地、食堂などでは和式に似たトイレが多く、手桶で水をくんで流しながら左手で洗う。トイレットペーパーはないので持参し、使用後は流さずにゴミ箱へ捨てる。

温度比較

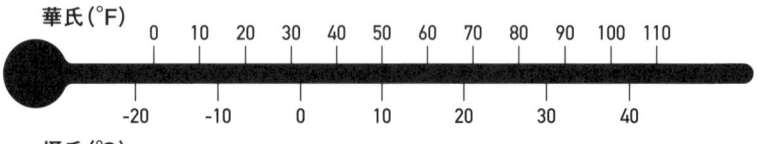

華氏（°F）：0　10　20　30　40　50　60　70　80　90　100　110

摂氏（℃）：-20　-10　0　10　20　30　40

温度表示の算出の仕方　℃＝(°F－32)÷1.8　°F＝(℃×1.8)＋32

126

度量衡

長さ

| メートル法 || ヤード・ポンド法 |||| 尺貫法 ||||
メートル	キロ	インチ	フィート	ヤード	マイル	海里	寸	尺	間
1	0.001	39.370	3.281	1.094	-	-	33.00	3.300	0.550
1000	1	39370	3281	1094.1	0.621	0.540	33000	3300	550.0
0.025	-	1	0.083	0.028	-	-	0.838	0.084	0.014
0.305	-	12.00	1	0.333	-	-	10.058	1.006	0.168
0.914	0.0009	36.00	3.00	1	0.0006	0.0004	30.175	3.017	0.503
1609	1.609	63360	5280	1760	1	0.869	53107	5310.7	885.12
0.030	-	1.193	0.099	0.033	-	-	1	0.100	0.017
0.303	0.0003	11.930	0.994	0.331	0.0002	0.0002	10.00	1	0.167
1.818	0.002	71.583	5.965	1.988	0.001	0.0009	60.00	6.00	1

重さ

| メートル法 ||| ヤード・ポンド法 || 尺貫法 |||
グラム	キログラム	トン	オンス	ポンド	匁	貫	斤
1	0.001	-	0.035	0.002	0.267	0.0003	0.002
1000	1	0.001	35.274	2.205	266.667	0.267	1.667
-	1000	1	35274	2204.6	266667	266.667	1666.67
28.349	0.028	0.00003	1	0.0625	7.560	0.008	0.047
453.59	0.453	0.0005	16.00	1	120.958	0.121	0.756
3.750	0.004	-	0.132	0.008	1	0.001	0.006
3750	3.750	0.004	132.2	8.267	1000	1	6.250
600.0	0.600	0.0006	21.164	1.322	160.0	0.160	1

面積

| メートル法 || ヤード・ポンド法 || 尺貫法 |||
アール	平方キロメートル	エーカー	平方マイル	坪	反	町
1	0.0001	0.025	0.00004	30.250	0.100	0.010
10000	1	247.11	0.386	302500	1008.3	100.83
40.469	0.004	1	0.0016	1224.12	4.080	0.408
25906	2.59067	640.0	1	783443	2611.42	261.14
0.033	0.000003	0.0008	-	1	0.003	0.0003
9.917	0.00099	0.245	0.0004	300.0	1	0.100
99.174	0.0099	2.450	0.004	3000.0	10.000	1

体積

| メートル法 ||| ヤード・ポンド法 || 尺貫法 |||
立方センチ	リットル	立方メートル	クォート	米ガロン	合	升	斗
1	0.001	0.000001	0.0011	0.0002	0.006	0.0006	0.00006
1000	1	0.001	1.057	0.264	5.543	0.554	0.055
-	1000	1	1056.8	264.19	5543.5	554.35	55.435
946.35	0.946	0.0009	1	0.25	5.246	0.525	0.052
3785.4	3.785	0.004	4.00	1	20.983	2.098	0.210
180.39	0.180	0.00018	0.191	0.048	1	0.100	0.010
1803.9	1.804	0.0018	1.906	0.476	10.00	1	0.100
18039	18.04	0.018	19.060	4.766	100.00	10.00	1

華氏(°F)	96	97	98	99	100	101	102	103	104	105	106	107	108
摂氏(°C)	35.5	36.1	36.6	37.2	37.7	38.3	38.8	39.4	40.0	40.5	41.1	41.6	42.2

インドネシア語が上達する文法講座

講座1　文字と発音を知ろう

■アルファベットと発音

インドネシア語は26のアルファベットを使用する。一部の例外はあるが、原則としてアルファベットはそのまま読めばよい。Cは略語の場合は（**チェー**）ではなく（**セー**）と発音するので、「エアコン」「トイレ」はAC、WCと書くが、読み方は（**アーセー**）、（**ウェーセー**）となる。

a	b	c	d	e	f	g	h	i	j
アー	ベー	チェー	デー	エー	エフ	ゲー	ハー	イー	ジェー
k	l	m	n	o	p	q	r	s	t
カー	エル	エム	エン	オー	ペー	キー	エル	エス	テー
u	v	w	x	y	z				
ウー	フェー	ウェー	エクス	イェー	ゼッ				

■母音と子音

母音はa, i, u, e, oの5種類だが、eのみ2種類の発音がある。a（**ア**）, i（**イ**）, u（**ウ**）, e（**エ**）, o（**オ**）の発音は日本語とほぼ同じだが、eのもう1つの発音は、（ウ）と（エ）の中間の音。口の形を（エ）にしてから、弱くあいまいな音で（ウ）と発音する。アクセントは、原則として最後から2番目の母音に付くが、「あいまい音ウ」がある場合は最後の母音になる。

二重母音はai（**アイ**）、au（**アウ**）だが、会話ではしばしばai（**エ**）、au（**オゥ**）と発音され、capai（**チャパイ**）（**チャペ**）「疲れた」、pulau（**プラウ**）（**プロゥ**）「島」となる。

子音も基本的にはアルファベット読みすればよいが、注意すべき発音は、r（巻き舌のラ行）、ng（鼻音のガ行）、語末のd, t, k, b, p（各音を発音する直前で発音を止める）、語末のm（最後に口を閉じる）、語末のn（最後に舌先を上の歯茎に付ける）、語末のng（最後に舌先をどこにも付けない）、語末のh（最後に息を吐き出す）など。

講座2　基本文型と品詞を知ろう

■基本文型

基本文型は「主語＋述語（名詞・形容詞・動詞）」。動詞で助動詞や目的語を伴う場合は、「主語＋（助動詞）＋動詞＋（目的語）」。英語のbe動詞に相当する単語はない。

主語＋名詞	Saya karyawan. （私＋会社員） サヤ　カルヤワン	→	私は会社員です。
主語＋形容詞	Dia rajin. （彼＋勤勉な） ディア　ラジン	→	彼は勤勉です。
主語＋助動詞＋動詞＋目的語	Saya mau minum air. （私＋〜したい＋飲む＋水） サヤ　マウ　ミヌム　アイル	→	私は水が飲みたい。

■名詞

　名詞には単複の区別はない。複数を表す必要がある場合は、名詞の前に「数詞」や「数量を表す形容詞」を付けたり、名詞を繰り返す。ただし、oleh-oleh（**オレオレ**）「おみやげ」、laki-laki（**ラキラキ**）「男」など、名詞を繰り返した形の普通名詞もある。

1. **数詞＋名詞**／dua orang（ドゥア　オラン）「2人」
2. **数量を表す形容詞＋名詞**／banyak teman（バニャッ　トゥマン）「多くの友達」
3. **名詞-名詞**／orang-orang（オランオラン）「人々」

■代名詞

1. 人称代名詞

　二人称「あなた」は相手の年齢、性別などによって使い分け、「私達」には2種類ある。

	単　数		複　数	
一人称	saya サヤ	私	kita キタ	私達（話し相手を含む）
			kami カミ	私達（話し相手を含まない）
二人称	Anda アンダ	あなた	Anda sekalian アンダ スカリアン	あなた方
	Bapak バパッ	（目上の男性）	Bapak-bapak バパッバパッ	皆様（目上の男性）
	Ibu イブ	（目上の女性）	Ibu-ibu イブイブ	皆様（目上の女性）
	Saudara ソウダラ	（同年代、年下）	Saudara-saudara ソウダラソウダラ	君たち
三人称	dia / ia ディア イア	彼、彼女	mereka ムレカ	彼ら
	beliau ブリオゥ	あの方		

2. 指示代名詞

　話し手から近いものはini（**イニ**）「これ、この」、遠いものはitu（**イトゥ**）「それ（あれ）、その（あの）」を用いる。

① **名詞＋指示代名詞**／kopi ini（コピ　イニ）「このコーヒー」
② **主語（指示代名詞）＋述語**／<u>Ini</u> kopi.（イニ　コピ）「これはコーヒーです」

■形容詞

1. **名詞を修飾する場合→名詞＋形容詞の順**
　　例）kopi <u>manis</u>（コピ　マニス）「甘いコーヒー」
2. **述語になる場合→主語＋述語（形容詞）の順**
　　例）Kopi ini <u>manis</u>.（コピ　イニ　マニス）「このコーヒーは甘い。」

■動詞

接頭辞の有無により、大きく分けて①接頭辞のつかない動詞、②ber-動詞(語幹に接頭辞ber-を付けた動詞)、③me-動詞(語幹に接頭辞me-を付けた動詞)の3つの動詞がある。動詞には、人称や時制による変化はない。時制は「時を表す助動詞」を用いて表す。

■時を表す助動詞

	単 語	例 文	日本語訳
完了	sudah / telah スダ トゥラ 「すでに〜した」	Mereka sudah berangkat. ムレカ スダ ブランカッ	彼らはすでに出発した。
未完了	belum ブルム 「まだ〜していない」	Saya belum makan pagi. サヤ ブルム マカン パギ	私はまだ朝食を食べていない。
継続	masih マスィ 「まだ〜している」	Dia masih tidur. ディア マスィ ティドゥル	彼はまだ寝ている。
現在進行	sedang / lagi スダン ラギ 「〜している最中」	Dia sedang mandi. ディア スダン マンディ	彼女は水浴びをしている。
未来	akan アカン 「〜する予定だ」	Mereka akan menginap di Kuta. ムレカ アカン ムギナッ(プ) ディ クタ	彼らはクタに宿泊する予定だ。
経験	pernah プルナ 「〜したことがある」	Saya pernah pergi ke Jakarta. サヤ プルナ プルギ ク ジャカルタ	私はジャカルタに行ったことがある。

■その他の助動詞

	単 語	例 文	日本語訳
希望	mau / ingin マウ イギン 「〜したい」「〜を切望する」	Saya mau makan masakan Indonesia. サヤ マウ マカン マサカン インドネスィア	私はインドネシア料理を食べたい。
嗜好	suka スカ 「〜するのが好き」「よく〜する」	Saya suka minum bir. サヤ スカ ミヌム ビル	私はよくビールを飲む。
可能	bisa / dapat ビサ ダパッ 「〜できる」	Saya bisa berbahasa Indonesia. サヤ ビサ ブルバハサ インドネスィア	私はインドネシア語を話すことができる。
許可	boleh ボレ 「〜してもよい」	Anda boleh masuk. アンダ ボレ マスッ	あなたは入ってもよい。
義務	harus ハルス 「〜しなければならない」	Anda harus pakai pakaian adat. サヤ ハルス パカイ パケアン アダッ	あなたは民族衣装を着用しなければならない。
当然	perlu プルル 「〜する必要がある」	Anda perlu membawa paspor. アンダ プルル ムンバワ パスポル	あなたはパスポートを携帯する必要がある。

講座3　文の種類を知ろう

■疑問文

1．会話では、平叙文の文末の語尾を上げて発音するだけで疑問文になる。

Anda minum kopi?　あなたはコーヒーを飲みますか？
アンダ　ミヌム　コピ

2．疑問詞には次のようなものがあり、文頭や文末に位置する。

	単　語	例　文	日本語訳
なに	apa アパ	Ini apa? イニ　アパ	これは何ですか？
だれ	siapa スィアパ	Siapa orang itu? スィアパ　オラン　イトゥ	その人はだれですか？
どこへ	ke mana ク　マナ	Mau ke mana? マウ　ク　マナ	どこへ行きますか？
どこに どこで	di mana ディ　マナ	Anda tinggal di mana? アンダ　ティンガル　ディ　マナ	あなたはどこに住んでいますか？
どれ	yang mana ヤン　マナ	Yang mana kopor Anda? ヤン　マナ　コポル　アンダ	あなたのトランクはどれですか？
いつ	kapan カパン	Kapan Anda pulang? カパン　アンダ　プラン	あなたはいつ帰りますか？
いくら いくつ	berapa ブラパ	Berapa harganya? ブラパ　ハルガニャ	値段はいくらですか？
どのように	bagaimana バゲマナ	Bagaimana caranya? バゲマナ　チャラニャ	どのようなやり方ですか？
なぜ	mengapa ムガパ	Kenapa Anda tidak datang? クナパ　アンダ　ティダッ　ダタン	なぜあなたは来ないのですか？

■否定文

1．名詞の否定にはbukan（ブカン）を用いる。語順は「主語＋ bukan ＋名詞」。

Saya bukan mahasiswa.　私は大学生ではありません。
サヤ　ブカン　マハスィスワ

2．形容詞・動詞の否定にはtidak（ティダッ）を用いる。語順は「主語＋ tidak ＋形容詞・動詞」。

Bir ini tidak dingin.　このビールは冷たくありません。
ビル　イニ　ティダッ　ディギン

Saya tidak tahu.　私は知りません。
サヤ　ティダッ　タウ

バリでは、とにかくインドネシア語で話しかけてみよう。カタコトでも大丈夫。相手は喜んで、あなたのインドネシア語に耳を傾けてくれるだろう。ちょっと勇気を出してインドネシア語を話してみれば、バリでの滞在が何倍も楽しくなるはず。どうぞよい旅を！

バリ島にまつわる雑学ガイド

1 母国語を使うのは小学校から？

多民族国家インドネシアは、言語、宗教、文化の異なる約400の民族で構成されており、地方語も600以上あるといわれている（→P10）。本書の会話は国語であるインドネシア語だが、その他、バリ島にはバリ語、中・東ジャワにはジャワ語、西ジャワにはスンダ語など、単語・文法などが全く異なる地方語があり、同民族間や家族との日常会話には、これらの地方語が主として話されている。

このため、バリでは小学校の義務教育で国語であるインドネシア語を初めて学ぶという子供も少なくない。バリで見かけた小さな子供にインドネシア語で話しかけても、全く通じないことがあるのはこのためだ。また、義務教育制度が確立されていなかった時代に育った高齢者の中にも、インドネシア語を話すことができない人が多い。

2 これ、インドネシア語だったの？

日本人にはなじみのないインドネシア語だが、日本に浸透している言葉がいくつもある。その1つがオランウータン。これは「森の人」という意味を持つインドネシア語のorang utan（オラン ウタン）からきている。南国のフルーツとして知られているドリアンやランブータンも、実は、インドネシア語。「トゲだらけ」という意味のdurian（ドゥリアン）、「毛むくじゃら」という意味のrambutan（ランブタン）が果物の名前として使われている。

また、子供たちに人気のあった特撮テレビ番組「ウルトラマン」シリーズの1つ、ウルトラマンティガの「ティガ」も数字の3であるtiga（ティガ）から名づけられている。そう思うと、インドネシア語は意外に親しみやすい言語ではないだろうか。

3 おつりはあめ玉3個です♪

バリのスーパーでは、会計時にレジでお釣りと一緒にあめ玉をもらうことがある。スーパーのサービスだと思ったら大間違い。何とおつりの小銭がわりのあめ玉なのだ！インドネシアの一番小額の硬貨は25ルピア。その後50ルピア、100ルピア、200ルピア、500ルピアと続くが、500ルピアに満たない小額のおつりは、あめ玉に化けることがある。あめ玉1つがいくら分の硬貨に相当するのかはお店によりまちまちだが100ルピア〜200ルピアが目安。おつりでもらったあめ玉は、支払いには使えないのであしからず。バリならではの「おつり」を味わおう！

4 抱き枕がないと眠れません！！

暑い夏の夜。寝冷えしないように薄めのタオルケットを掛けて寝るのが日本流だが、そのタオルケットの代わりにインドネシアで愛用されているのが、長さ約1メートルで円筒状の抱き枕。布団を掛けて寝る習慣がないインドネシアではお腹が冷えないよう抱き枕を抱いて寝る。

パンヤのつまった抱き枕は冷ややかな感触があり、寝苦しい夜には必需品。長い抱き枕を腕に抱き、脚をからめて巻きつくようにして寝る。何も掛けずに寝るというのは日本人にはなかなか受け入れがたい習慣だが、常夏のインドネシアでやってみるとこれがなかなか心地よく、クセになる人も多いから不思議なものだ。宿泊先に抱き枕があったら是非お試しあれ。ただし、クーラーがきいた部屋で寝る場合は、寝冷えしないよう注意！

5 えっ？ビニール袋に入れるの？

バリでは、食堂や屋台で食事を楽しんだ後に食べ残した場合やテイクアウト用に料理を包んでもらうのが一般的だ（→P50）。しかし、驚くのはスープや汁物の惣菜などの液体類も持ち帰りが可能であること。ビニール袋に入れて、口をシッカリと縛ってくれるので、基本的には全ての料理を持ち帰ることができる。

屋台でのジュースの「テイクアウト」もビニール袋入り。ジュースの入ったビニール袋にストローを差込み、輪ゴムで袋の口をストローごと縛った状態で渡されるので、縛り口を持ってストローで飲む。ジュースの入った部分を持つと、ストローからジュースが飛び出てくるので要注意。容器がカップからビニール袋に変わってもジュースはジュース。ビニール袋ジュースを片手に、バリっ子気分で街を歩いてみてはいかが？

6 一家にバイク一台あれば充分!?

街を歩いていると日本でも見慣れたメーカーのバイクをよく目にする。しかし、日本と違うのは1台のバイクに乗っている人数。日本では考えられないが、インドネシアでは家族4人で1台のバイクに乗っていることも珍しくない。運転している父親の前に子供が1人、その後ろに別の子供を抱えた母親が乗るという4人乗りが一般的。バイクが庶民にとってまだまだ高級品であることが一番の理由だが、市内は渋滞したり、駐車場の確保が難しいため、車を所有していてもバイクを愛用しているのだ。シートに家族4人が仲良く乗っている様子はほほえましいが、違法なので真似はしないように。

知っておこう

7 2：3ならインドネシア国旗

1945年の独立宣言時に制定されたインドネシア国旗は、下半分が純白を表す白、上半分が勇気を表す赤の2色で構成されており、「潔白の上に立つ勇気」という意味をもつ。また、紅白は古くから太陽と月を表す色として親しまれてきた組み合わせであるが、インドネシアの独立に寄与した日本の日章旗「日の丸」の影響を受けているともいわれており、日本人にとって親しみ深い色である。

しかし、このインドネシア国旗と全く同じデザインの国旗がもう一つあるというから驚きだ。それはモナコ公国の国旗。配色も紅白のバランスも全く同じだが、唯一異なるのが縦横の比率。インドネシア国旗が2：3であるのに対して、モナコ国旗は4：5で若干縦長。しかし、国連使用のサイズは2：3で統一されているため、この2つの国旗を見分けるのは難しい。

8 「ぼたもち」より「ドリアン」

インドネシアにも様々なことわざがある。日本のことわざとよく似たものもあるが、そのたとえが日本とは異なるからおもしろい。労せずして思いがけない幸運に巡り合うことを「棚からぼたもち」と言うが、インドネシアでは「落ちているドリアンを手に入れる」という。ドリアンは高級な果物。労せず手に入れることができればうれしい一品に違いない。

また、善人を装った悪人のことを「羊の皮をかぶった狼」と言うが、インドネシアでは「ニワトリの毛をまとったジャコウネコ」という。羊や狼よりも、家畜であるニワトリとそれを襲うジャコウネコの方がしっくりくるのもうなずける。

「覆水盆に返らず（一度したことはもはや取り返しがつかない）」は、「ご飯はもうおかゆになってしまった」と言い、「転ばぬ先の杖（前もって用心していれば失敗することがない）」は「雨が降る前に傘を用意する」という。

いかにもインドネシアらしいたとえは、「ヤギの檻に入ればヤギのように鳴き、水牛の檻に入れば水牛のように鳴く」 これは、「新しい土地に来たら、その土地の風俗、習慣に従うのがよい」というたとえの「郷に入れば郷に従え」のことである。バリを訪れた際にはバリ風に'鳴いて'バリを満喫しよう。

インドネシア語で手紙を書こう！

旅で出会った人や、お世話になった人に、帰国後、手紙を出してみよう。下記の書き方を参考にして、素直にお礼の気持ちを伝えてみれば友情が深まるはず！

Tokyo, 12 Desember 2009

Made yang baik,

Apa kabar? Saya sudah kembali ke Jepang dengan selamat.

Terima kasih atas segala kebaikannya selama saya berada di Bali. Keindahan alam, kesenian yang memikat seperti tari Bali dan gamelan, makanan yang enak, dan keramahtamahan penduduk setempat sangat berkesan di hati saya. Berkat Made, perjalanan saya sangat menyenangkan. Bersama ini saya sertakan foto-foto yang diambil waktu di Bali.

Kalau ada kesempatan, saya mau berkunjung lagi ke Bali. Sampaikan salam saya kepada teman-teman yang pernah saya temui di sana. Sampai jumpa lagi.

Salam,

Ayu Kimura

[日付]
発信場所、日、月、年の順で書く。
(→P 90)

[宛名]
・丁寧な場合
　男性にはBapak、女性にはIbuの敬称をつける。(→P 8)
　尊敬するワヤンさん
　→Bapak Wayan yang terhormat, (男性)
　尊敬するティニ夫人
　→Ibu Tini yang terhormat, (女性)
・親しい場合
　Saudaraの敬称をつけるか、名前のみ。
　親愛なるマデさん
　→Saudara Made yang baik,

[結びの言葉]
・丁寧な場合
　Hormat saya,「敬具」
・親しい場合
　Salam,「さようなら」

[署名]
署名は肉筆で行う。名前をタイプ打ちにしたらサインを入れる。

親愛なるマデ

　お元気ですか？私は、無事日本に帰国しました。

　バリ滞在中はお世話になりありがとう。美しい自然、バリ舞踊やガムランなどのすばらしい芸術、おいしい食べ物、親切な人々が懐かしく思い出されます。マデのおかげで、とても楽しい旅となりました。バリで撮った写真を同封しますね。

　機会があれば、またバリを訪れたいと思っています。現地でお会いしたみなさんにもよろしくお伝えください。再びお会いする日まで。

[封筒の書き方]

左上に、自分の名前と住所を書く。
赤字で航空便AIR MAILであることを明記する。
中央を目安に相手の名前と住所を書く。
国名はゴシック体の大文字に下線を入れて目立つように。
宛名の前に「～様へ」という意味のKepada yth. をつける。

Ayu Kimura
25-5 Haraikatamachi, Shinjuku-ku
Tokyo, Japan 162-8446

AIR MAIL

Kepada Yth.
Saudara Made Ariasa
Jl. Rambutan No.125
Denpasar, Bali 3320
INDONESIA

STAMP

日本語 ➡ インドネシア語

50音順インドネシア語単語帳

※「食べよう」のシーンでよく使う単語には🍴印がついています
※「買おう」のシーンでよく使う単語には🔒印がついています
※「伝えよう」のシーンでよく使う単語には💬印がついています

あ

日本語	インドネシア語
あいさつする	memberi salam ムンブリ サラム
愛してる	mencintai ムンチンタイ
アイスクリーム 🍴	es krim エス クリム
会う	bertemu ブルトゥム
赤ちゃん	bayi バイ
明るい	terang トゥラン
アクセサリー 🔒	aksesori アクセソリ
あげる（与える）	beri ブリ
朝（〜10:00）	pagi パギ
浅い	dangkal ダンカル
あさって	lusa ルサ
明日	besok ベソッ
遊ぶ	bermain ブルマイン
暖かい	hangat ハガッ
頭のよい	pintar ピンタル
新しい	baru バル
暑い／熱い	panas パナス
あとで	nanti ナンティ
アトリエ	sanggar サンガル
兄	kakak laki-laki カカッ ラキラキ
姉	kakak perempuan カカッ プルンプアン
油	minyak ミニャッ
甘い 🍴	manis マニス
雨もり 💬	bocor ボチョル
あめ 🔒	permen プルメン
雨	hujan フジャン
洗う	cuci チュチ
ある	ada アダ
歩く	berjalan ブルジャラン

い

いいえ	tidak ティダッ
言う	berkata ブルカタ
家	rumah ルマ
行く	pergi プルギ
医者 💬	dokter ドクトゥル
イス	kursi クルスィ
急いでいる 💬	terburu-buru トルブルブル
痛い 💬	sakit サキッ
炒める	tumis トゥミス
市場 🔒	pasar パサル
いない	tidak ada ティダッ アダ
今	sekarang スカラン
妹	adik perempuan アディッ プルンプアン
イヤリング 🔒	anting-anting アンティンアンティン
入口	pintu masuk ピントゥ マスッ
いる	ada アダ
色 🔒	warna ワルナ
インターネットカフェ	warnet ワルネッ
インドネシア語	bahasa Indonesia バハサ インドネスィア

う

上	atas アタス
雨季	musim hujan ムスィム フジャン
受け取る	terima トゥリマ
後	belakang ブラカン
歌う	nyanyi ニャニ
腕時計	jam tangan ジャム タガン
生まれる	lahir ラヒル
海	laut ラウッ
売る	jual ジュアル
うるさい	ribut リブッ
うれしい	senang スナン
運転手	sopir ソピル

え

日本語	インドネシア語
絵	lukisan ルキサン
エアコン	AC アーセー
映画	film フィルム
映画館	bioskop ビオスコッ(プ)
英語	bahasa Inggris バハサ イングリス
ATM	ATM アーテーエム
絵の具	cat チャッ
絵葉書	kartu pos bergambar カルトゥ ポス ブルガンバル
選ぶ	pilih ピリ
演奏する	bermain ブルマイン
鉛筆	pensil ペンスィル

お

おいしい	enak エナッ
老いた	tua トゥア
お祈り	sembahyang スンバヤン
往復	pulang-pergi/pp プランプルギ ペーペー
多い	banyak バニャッ
お金	uang ウアン
起きる	bangun バグン
置く	taruh タル
送る	kirim キリム
おごり	traktir トラクティル
怒る	marah マラ
押す	dorong ドロン
(ボタンなどを)押す	pencet/tekan プンチェッ トゥカン
遅い	lambat ランバッ
おつり	kembalian クンバリアン
男	laki-laki ラキラキ
おととい	dua hari yang lalu ドゥア ハリ ヤン ラル
大人	orang dewasa オラン デワサ
踊り	tarian タリアン
おみやげ	oleh-oleh オレオレ
重い	berat ブラッ
面白い	lucu ルチュ
おもちゃ	mainan マイナン
降りる	turun トゥルン
終わる	selesai スルサイ
音楽	musik ムスィッ
女	perempuan プルンプアン

か

カーテン	korden コルデン
○階	lantai ○ ランタイ ○
外国	luar negeri ルアル ヌグリ
外国人	orang asing オラン アスィン
階段	tangga タンガ
快適な	nyaman ニャマン
ガイド	pemandu プマンドゥ
買い物する	berbelanja ブルブランジャ
買う	beli ブリ
帰る	pulang プラン
変える	ganti ガンティ
香りのよい	harum ハルム
画家	pelukis プルキス
鏡	cermin / kaca チュルミン カチャ
鍵	kunci クンチ
書く	tulis トゥリス
確認する	memastikan ムマスティカン
傘	payung パユン
菓子	kue クエ
歌手	penyanyi プニャニ
風邪	masuk angin マスッ アギン
家族	keluarga クルアルガ
ガソリン	bensin ベンスィン
固い	keras クラス

★ 出入国編 ★

入国審査	pemeriksaan imigrasi	プムリクサアン イミグラシ
滞在期間	masa tinggal	マサ ティンガル
入国目的	tujuan kunjungan	トゥジュアン クンジュガン
観光	pariwisata	パリウィサタ
商用	bisnis	ビスニス
乗り継ぎ	pindah pesawat	ピンダ プサワッ
パスポート	paspor	パスポル
ビザ	visa	フィサ
税関審査	pemeriksaan bea cukai	プムリクサアン ベア チュカイ
申告	laporan	ラポラン
免税品	barang bebas bea	バラン ベバス ベア
課税品	barang wajib bea	バラン ワジブ ベア
サイン	tanda tangan	タンダ タガン
検疫	karantina	カランティナ
居住者	penduduk	プンドゥドゥッ
非居住者	bukan penduduk	ブカン プンドゥドゥッ

知っておこう

かっこいい	keren / クレン	客	tamu / タム	靴	sepatu / スパトゥ
カップ	cangkir / チャンキル	ギャラリー	galeri / ガレリ	雲	awan / アワン
蚊取り線香	obat nyamuk / オバッ ニャムッ	キャンセルする	membatalkan / ムンバタルカン	暗い	gelap / グラッ(プ)
悲しい	sedih / スディ	キャンバス	kanvas / カンファス	来る	datang / ダタン
かばん	tas / タス	休憩所	ruang istirahat / ルアン イスティラハッ	車	mobil / モビル
壁	dinding / ディンディン	休憩する	beristirahat / ブルイスティラハッ	クレジットカード	kartu kredit / カルトゥ クレディッ
雷	petir / プティル	牛乳	susu / スス	**け**	
ガム	permen karet / プルメン カレッ	今日	hari ini / ハリ イニ	警察	polisi / ポリスィ
カメラ	kamera / カメラ	曲	lagu / ラグ	警察署	kantor polisi / カントル ポリスィ
辛い	pedas / プダス	嫌い	benci / ブンチ	携帯電話	HP / ハーペー
体	badan / バダン	着る	pakai / パカイ	ケガ	luka / ルカ
軽い	ringan / リガン	切る	potong / ポトン	化粧品	kosmetik / コスメティッ
川	sungai / スンガイ	(景色などが)きれい	indah / インダ	結婚する	menikah / ムニカ
かわいい	manis / マニス	(人や物が)きれい	cantik / チャンティッ	下痢	diare / ディアレ
簡易食堂	warung / ワルン	儀礼	upacara / ウパチャラ	現代的な	modern / モデルン
乾季	musim kemarau / ムスィム クマロウ	金	emas / ウマス	**こ**	
観光案内所	pusat informasi pariwisata / プサッ インフォルマスィ パリウィサタ	銀	perak / ペラッ	恋しい	kangen / カグン
観光する	berwisata / ブルウィサタ	銀行	bank / バン	恋人	pacar / パチャル
簡単な	gampang / ガンパン	銀細工	kerajinan perak / クラジナン ペラッ	航空券	tiket pesawat / ティケッ プサワッ
き		**く**		交差点	perempatan / プルウンパタン
木	pohon / ポホン	空港	bandara / バンダラ	香水	parfum / パルフム
聞く	mendengar / ムンドゥンガル	くさい	bau / バウ	紅茶	teh / テ
北	utara / ウタラ	腐った	basi / バスィ	交通事故	kecelakaan lalu lintas / クチュラカアン ラル リンタス
汚い	kotor / コトル	くすぐったい	geli / グリ	コーヒー	kopi / コピ
貴重品	barang-barang berharga / バランバラン ブルハルガ	薬	obat / オバッ	ここ	sini / スィニ
昨日	kemarin / クマリン	○○をください	minta ○○ / ミンタ ○○	ココナツミルク	santan / サンタン
気持ちいい	enak / エナッ	果物	buah-buahan / ブアブアハン	こしょう	lada / ラダ

子供	anak アナッ		ジーンズ	celana jins チュラナ ジンス		死ぬ	meninggal ムニンガル
ご飯	nasi ナスィ		塩	garam ガラム		島	pulau プロゥ
ごめんなさい	maaf マアフ		事故	kecelakaan クチェラカアン		ジャケット	jaket ジャケッ
(肩などが)凝る	pegal プガル		時刻表	jadwal ジャドワル		写真店	studio foto ストゥディオ フォト
壊れる	rusak ルサッ		自己紹介をする	memperkenalkan diri ムンプルクナルカン ディリ		写真を撮る	ambil foto/memotret アンビル フォト ムモトレッ
さ			事故証明書	surat keterangan kecelakaan スラッ クトゥラガン クチェラカアン		シャツ	kemeja クメジャ
サイズ	ukuran ウクラン		仕事	bisnis ビスニス		シャトルバス	shuttle bus シャトゥル ブス
財布	dompet ドンペッ		ジゴロ	gigolo ギゴロ		シャワー	shower ショウェル
サイン	tanda tangan タンダ タガン		時差	selisih waktu スリスィ ワクトゥ		シャンプー	sampo サンポ
探す	cari チャリ		辞書	kamus カムス		宗教	agama アガマ
魚	ikan イカン		静かな	sepi スピ		住所	alamat アラマッ
酒	minuman keras ミヌマン クラス		史跡	tempat bersejarah トゥンパッ ブルスジャラ		ジュース	jus ジュス
座席	tempat duduk トゥンパッ ドゥドゥッ		下	bawah バワ		祝日	hari raya ハリ ラヤ
サッカー	sepak bola セパッ ボラ		○○したい	mau ○○ マウ		出発する	berangkat ブランカッ
さっき	tadi タディ		下着	baju dalam バジュ ダラム		趣味	hobi ホビ
雑誌	majalah マジャラ		試着室	kamar pas カマル パス		正月	tahun baru タフン バル
砂糖	gula グラ		知っている	tahu タウ		職業	pekerjaan プクルジャアン
寂しい	sepi スピ		質問する	bertanya ブルタニャ		しょっぱい	asin アスィン
寒い	dingin ディギン		自転車	sepeda スペダ		ショッピングセンター	mal モル
皿	piring ピリン		品物	barang バラン		処方箋	resep レセッ(プ)
サングラス	kacamata hitam カチャマタ ヒタム						
サンダル	sandal サンダル						
散歩	jalan-jalan ジャランジャラン						
し							
シーツ	seprei スプレイ						
寺院 (ヒンドゥー教)	pura プラ						
寺院遺跡 (仏教・ヒンドゥー教)	candi チャンディ						

★ 電話・通信編 ★

切手	perangko	プランコ
はがき	kartu pos	カルトゥ ポス
小包	paket	パケッ
航空便	pos udara	ポス ウダラ
船便	pos laut	ポス ラウッ
国際電話	SLI	エス エル イー
コレクトコール	collect call	コレクッ コル
長距離電話(国内)	SLJJ	エス エル ジェ ジェ
市内電話	telepon lokal	テレポン ロカル
ファクス	fax	ファックス
簡易電話局	wartel	ワルテル
公衆電話	telepon umum	テレポン ウムム
インターネット	internet	インテルネッ
インターネットカフェ	warnet	ワルネッ

日本語	インドネシア語
新月	bulan mati ブラン マティ
信号	lampu merah ランプ メラ
新聞	koran コラン
深夜	larut malam ラルッ マラム

す

スーツケース	kopor コポル
スーパーマーケット	pasar swalayan パサル スワラヤン
スカート	rok ロッ
好き	suka スカ
スキューバ・ダイビング	scuba diving スクバ ダイフィン
少ない	sedikit スディキッ
涼しい	sejuk スジュッ
酸っぱい	asam アサム
ステージ	panggung パングン
ストロー	sedotan スドタン
砂	pasir パシル
スノーケリング	snorkeling スノクリン
スパイス	bumbu ブンブ
スプーン	sendok センドッ
スポーツ	olahraga オララガ
ズボン	celana チュラナ
座る	duduk ドゥドゥッ

せ

清潔な	bersih ブルスィ
セーフティボックス	safety box セフティ ボックス
セール	obral オブラル
世界遺産	warisan dunia ワリサン ドゥニア
石けん	sabun サブン
狭い	sempit スンピッ
扇風機	kipas angin キパス アギン

そ

そこ	situ スィトゥ
素材	bahan バハン
祖父	kakek カケッ
祖母	nenek ネネッ
空	langit ランギッ

た

退屈だ	bosan ボサン
体験する	mencoba ムンチョバ
体調	kondisi badan コンディスィ バダン
台所	dapur ダプル
大変だ	susah スサ
太陽	matahari マタハリ
タオル	handuk ハンドゥッ
(値段が)高い	mahal マハル
(高さが)高い	tinggi ティンギ
タクシー	taksi タクスィ
訪ねる	berkunjung ブルクンジュン
立つ	berdiri ブルディリ
楽しい	senang スナン
タバコ	rokok ロコッ
食べ物	makanan マカナン
食べる	makan マカン

ち

近い	dekat ドゥカッ
地図	peta プタ
父	ayah アヤ
チャーター車	mobil carteran モビル チャルトゥラン
駐車場	tempat parkir トゥンパッ パルキル
注文する	memesan ムムサン
彫刻	ukiran ウキラン
調味料	bumbu ブンブ

つ

使う	pakai パカイ
疲れた	capai チャペ
月	bulan ブラン
冷たい	dingin ディギン
強い	kuat クアッ
連れて行く	antar アンタル

て

定価	harga pas ハルガ パス
Tシャツ	kaus oblong カオス オブロン
ティッシュペーパー	tisu ティス
停電	mati lampu マティ ランプ
テーブル	meja メジャ
手桶	cedok チェドッ
手紙	surat スラッ
出口	pintu keluar ピントゥ クルアル
デザート	deser デセル
デパート	toserba トスルバ
出る	keluar クルアル

日本語	インドネシア語	日本語	インドネシア語	日本語	インドネシア語
テレビ	**TV** ティフィ	ナイフ	**pisau** ピソウ	飲む	**minum** ミヌム
電池	**baterai** バトゥライ	長い	**panjang** パンジャン	乗る	**naik** ナイッ
電灯	**lampu** ランプ	泣く	**menangis** ムナギス	のんびりする	**santai** サンタイ
伝統工芸品	**hasil kerajinan tradisional** ハスィル クラジナン トラディスィオナル	名前	**nama** ナマ	**は**	
伝統的な	**tradisional** トラディスィオナル	波	**ombak** オンバッ	はい	**ya** ヤ
伝票	**bon** ボン	**に**		バイク	**sepeda motor** スペダ モトル
展覧会	**pameran** パメラン	似合う	**cocok** チョチョッ	俳優	**aktor** アクトル
電話	**telepon** テレポン	苦い	**pahit** パヒッ	入る	**masuk** マスッ
電話番号	**nomor telepon** ノモル テレポン	握る	**pegang** プガン	吐き気	**mual** ムアル
と		肉	**daging** ダギン	博物館	**museum** ムセウム
ドア	**pintu** ピントゥ	西	**barat** バラッ	バケツ	**ember** エンベル
トイレ	**toilet/WC/kamar kecil** トイレッ ウェーセー カマル クチル	虹	**pelangi** プランギ	箸	**sumpit** スンピッ
トイレットペーパー	**tisu toilet** ティス トイレッ	偽物の	**palsu** パルス	橋	**jembatan** ジュンバタン
トウガラシ	**cabe** チャベ	日没	**matahari terbenam** マタハリ トゥルブナム	始まる	**mulai** ムライ
陶磁器	**keramik** クラミッ	日光浴	**berjemur** ブルジュムル	馬車	**dokar** ドッカル
到着する	**tiba** ティバ	日本語	**bahasa Jepang** バハサ ジュパン	走る	**lari** ラリ
動物	**binatang** ビナタン	日本総領事館	**Konsulat Jenderal Jepang** コンスラッ ジュンデラル ジュパン	パスポート	**paspor** パスポル
遠い	**jauh** ジャウ	入場券売り場	**loket** ロケッ	バスルーム	**kamar mandi** カマル マンディ
止まる	**berhenti** ブルフンティ	庭	**halaman** ハラマン	働く	**bekerja** ブクルジャ
泊まる	**menginap** ムギナッ(プ)	ニンニク	**bawang putih** バワン プティ	バドミントン	**bulu tangkis** ブル タンキス
友達	**teman/kawan** トゥマン カワン	**ぬ・ね・の**		花	**bunga** ブガ
トラブル	**kesulitan** クスリタン	布	**kain** カイン	話しかける	**menyapa** ムニャパ
鳥	**burung** ブルン	値段	**harga** ハルガ	話す	**bicara** ビチャラ
取る	**ambil** アンビル	熱	**demam** ドゥマム	母	**ibu** イブ
ドロボウ	**pencuri** プンチュリ	ネックレス	**kalung** カルン	早い	**cepat** チュパッ
な		寝る	**tidur** ティドゥル	払う	**bayar** バヤル
ない	**tidak ada** ティダッ アダ	飲み物	**minuman** ミヌマン	パン	**roti** ロティ

知っておこう

ハンガー	gantungan baju ガントゥガン バジュ	封筒	amplop アンプロッ(プ)	マッチ	korek api コレッ アピ
ハンカチ	sapu tangan サプ タガン	フォーク	garpu ガルプ	祭	perayaan プラヤアン
ハンサム	ganteng ガントゥン	深い	dalam ダラム	窓	jendela ジュンデラ
パンツ(下着)	celana dalam チュラナ ダラム	服	pakaian パケアン	麻薬	narkoba ナルコバ
パンフレット	brosur ブロスル	筆	kuas クアス	(道に)迷う	nyasar/tersesat ニャサル トゥルスサッ
ひ		太っている	gemuk グムッ	漫画	komik コミッ
火	api アピ	ブラウス	blus ブルス	満月	bulan purnama ブラン プルナマ
ピアス	giwang ギワン	フラッシュ	blitz ブリッ	満室/満席	penuh プヌ
ビーチ	pantai パンタイ	古い	lama ラマ	**み・む**	
ビール	bir ビル	文化	budaya ブダヤ	右	kanan カナン
東	timur ティムル	文房具	alat tulis アラッ トゥリス	短い	pendek ペンデッ
引く	tarik タリッ	**へ・ほ**		水	air アイル
低い	rendah ルンダ	ベッド	tempat tidur トゥンパッ ティドゥル	水着	baju renang バジュ ルナン
美術館	museum seni ムセウム スニ	部屋	kamar カマル	店	toko トコ
非常口	pintu darurat ピントゥ ダルラッ	勉強する	belajar ブラジャル	道	jalan ジャラン
左	kiri キリ	帽子	topi トピ	三つ編み	kepang rambut ケパン ランブッ
人	orang オラン	ボールペン	bolpoin ボルポイン	南	selatan スラタン
ビニール袋	kantong plastik カントン プラスティッ	星	bintang ビンタン	見本	contoh チョント
日の出	matahari terbit マタハリ トゥルビッ	ホテル	hotel ホテル	みやげ物店	toko suvenir トコ スフェニル
病院	rumah sakit ルマ サキッ	本	buku ブク	見る	lihat リハッ
病気	penyakit プニャキッ	本物	asli アスリ	観る(鑑賞する)	menonton ムノントン
美容室	salon kecantikan サロン クチャンティカン	**ま**		民族衣装	pakaian adat パケアン アダッ
昼(10:00〜15:00)	siang スィアン	前	depan ドゥパン	迎えに行く	jemput ジュンプッ
広い	luas ルアス	枕	bantal バンタル	(皮を)むく	kupas クパス
便箋	kertas surat クルタス スラッ	混ぜる	campur チャンプル	難しい	sulit スリッ
ふ		マッサージ	pijat/massage ピジャッ マサセ	無知な	bodoh ボド
風景	pemandangan alam プマンダガン アラム	まっすぐ	lurus ルルス	無料	gratis グラティス

め・も

日本語	インドネシア語
メールアドレス	alamat e-mail / アラマッ イーメル
メガネ	kacamata / カチャマタ
メニュー	menu / メヌ
麺	mie / ミ
免税店	toko bebas bea / トコ ベバス ベア
毛布	selimut / スリムッ
模造品	imitasi / イミタスィ
持って来る	bawa / バワ
戻る	kembali / クンバリ
もらう	dapat / ダパッ

や

焼く	bakar / バカル
野菜	sayur-sayuran / サユルサユラン
安い	murah / ムラ
安宿	losmen / ロスメン
やせている	kurus / クルス
薬局	apotek / アポテッ
山	gunung / グヌン
やめる	berhenti / ブルフンティ
やわらかい	empuk / ンプッ

ゆ

湯	air panas / アイル パナス
夕方 (15:00～18:00)	sore / ソレ
郵便局	kantor pos / カントル ポス
床	lantai / ランタイ
ゆっくり	pelan-pelan / プランプラン
ゆでる	rebus / ルブス
指輪	cincin / チンチン

よ

よい(目に見えないもの)	baik / バイッ
よい(目に見えるもの)	bagus / バグス
横	sebelah / スブラ
予定	rencana / ルンチャナ
予約	booking / ブッキン
夜	malam / マラム
弱い	lemah / ルマ

ら・り・る

ラフティング	rafting / arung jeram / ラフティン アルン ジュラム
ラブレター	surat cinta / スラッ チンタ
理解する	mengerti / ムングルティ
両替所	money changer / マニ チェンジェル
両替する	tukar uang / トゥカル ウアン
領収書	kuitansi / クイタンスィ
両親	orang tua / オラン トゥア
料理	masakan / マサカン
料理する	memasak / ムマサッ

れ・ろ

冷蔵庫	kulkas / クルカス
レート	kurs / クルス
レジ	kasir / カスィル
連絡する	hubungi / フブギ
ろうそく	lilin / リリン

わ

ワイン	anggur / アングル
若い	muda / ムダ
別れる	berpisah / ブルピサ
笑う	tertawa / トゥルタワ
ワリカン	BS / ベーエス
悪い(目に見えないもの)	buruk / ブルッ
悪い(目に見えるもの)	jelek / ジュレッ

★ 国名編 ★

アメリカ合衆国	Amerika Serikat	アメリカ スリカッ
イギリス	Inggris	イングリス
イタリア	Italia	イタリア
インド	India	インディア
インドネシア	Indonesia	インドネスィア
エジプト	Mesir	ムスィル
オーストラリア	Australia	アウストラリア
オランダ	Belanda	ブランダ
カナダ	Kanada	カナダ
韓国	Korea Selatan	コレア スラタン
北朝鮮	Korea Utara	コレア ウタラ
シンガポール	Singapura	シンガプラ
タイ	Thailand	タイラン
中国	China	チナ
ドイツ	Jerman	ジェルマン
日本	Jepang	ジュパン
フランス	Prancis	プランチス
フィリピン	Filipina	フリピナ
マレーシア	Malaysia	マレイスィア
ベトナム	Vietnam	フィエトナム
ロシア	Rusia	ルスィア

絵を見て話せる
タビトモ会話

バリ島 インドネシア語 ● 日本語/英語

初版印刷	2009年3月15日
初版発行	2009年4月1日
	(Apr.1, 2009, 1st edition)
編集人	大橋圭子
発行人	江頭　誠
発行所	JTBパブリッシング
印刷所	JTB印刷

絵を見て話せる
タビトモ会話

<アジア>
①韓国
②中国
③香港
④台湾
⑤タイ
⑥バリ島
⑦ベトナム
⑧フィリピン
⑨カンボジア
⑩マレーシア

<ヨーロッパ>
①イタリア
②ドイツ
③フランス
④スペイン
⑤ロシア

<中近東>
①トルコ

続刊予定

インド
イギリス
オランダ
チェコ
アメリカ
ブラジル
メキシコ
ハワイ
オーストラリア

● 企画／編集 …… 海外情報部
担当　志田典子／田中麻紀
● 編集／執筆 …… INJカルチャーセンター
（近藤由美／宮岡敬子／
湧口真由美）
● 表紙デザイン …… 高多　愛（Aleph Zero,inc.）
● 本文デザイン …… Aleph Zero,inc.／アイル企画
● 翻訳 …… INJカルチャーセンター
（ディナ・ファオジア／
アルベルトゥス・プラセ
ティオ・ヘル・ヌグロホ）
財英語教育協会（ELEC）
● 編集協力 …… ドミニクス・バタオネ
竹村洋美／JTBバリ支店
● 組版 …… JTB印刷
● イラスト …… 中根麻利／霧生さなえ
● 地図 …… ジェイ・マップ
● 画文 …… 大田垣晴子
● 取材協力 …… 市川文子／佐藤由美
新田かおり

● JTBパブリッシング
〒162-8446
東京都新宿区払方町25-5
編集：☎03-6888-7878
販売：☎03-6888-7893
広告：☎03-6888-7831
http://www.jtbpublishing.com/
● 旅とおでかけ旬情報
http://rurubu.com/

禁無断転載・複製
© JTB Publishing 2009 Printed in Japan
154464　758240　ISBN978-4-533-07472-1